나의
수치심
에게

나의
수치심
에게

일자 샌드 지음
최경은 옮김

힘들면 자꾸 숨고 싶어지는 사람들을 위한 심리학

타인의사유

'나를 둘러싼 이 모든 문제들의 원인은 뭘까?'

이런 고민을 할 때 곧바로 수치심을 떠올리는 사람은 거의 없다. 수치심은 종종 숨어 있고, 우리는 수치심에 관한 이야기를 좀처럼 입 밖에 내지 않는다. 과도한 자기 억압, 낮은 자존감, 사회적 상황에서 겪는 피로감, 가까운 인간관계와 관련된 문제들……. 수치심은 이처럼 여러 문제들 아래에 묻혀 있는 경우가 많다. 학대나 분노의 이면에 감춰진 원인이기도 하다.

이 책을 집필하는 동안 사람들을 만날 때마다 이렇게 물어보았다.

"구체적으로 말하진 않아도 괜찮아요. 혹시 뭔가에 관해 수치심이 드나요?"

그러자 대다수의 사람들이 고개를 끄덕이더니 눈길을 피

하며 이렇게 답했다.

"하지만 그 얘기는 안 할 거예요."

질문을 받고는 아리송하다는 듯 고개를 갸웃거리는 사람들도 있었다. 그럴 땐 추가로 이렇게 물어보았다.

"신체 부위 중에서 남들에게 드러내고 싶지 않은 곳이 있나요? 아니면 숨기고 싶은 특징이나 아무에게도 말하고 싶지 않은 경험 있어요? 누구한테도 들키고 싶지 않은 약점은요?"

이런 질문들을 던지자 더 많은 사람들이 고개를 주억거렸다.

때로는 "나는 부끄러울 게 아무것도 없다고요!"라거나 "수치심을 느낄 만한 게 전혀 없다니까요!"라며 차갑게 쏘아붙이는 사람도 있었다. 그런데 그 말이 나한테는 이렇게 들렸다.

"당신은 내가 수치심을 느끼게 만들 수 없을 걸요."

하지만 사람들은 때때로 자기도 모르는 사이에 수치심을 느낀다. 수치심을 느낄 만하다고 이성적으로 판단하는 것과 막상 수치심이 들 때 몸이 저절로 반응하는 것은 완전히 별개의 문제다. 수치심을 느끼면 자기도 모르게 눈빛이 흔들리거나 땅바닥만 쳐다보곤 한다.

나는 목사이자 심리치료사로서 많은 사람들이 수치심을 느꼈던 일들을 털어놓는 모습을 지켜보면서 수치심으로 인한 고통과 외로움이 얼마나 강렬하고 심각한지 새삼 절감했다. 그런데 일단 수치심에 대해 털어놓고 나면 기적처럼 놀라운 변화가 일어나기도 한다. 호흡이 서서히 안정되고 긴장했던 표정과 몸이 편안해지며 신경이 곤두선 모습이나 괴로운 기색이 어느새 사라지는 것이다.

자신의 감정을 누군가에게 털어놓고 나면 마음이 후련해지고 상당한 해방감을 느끼게 된다. 일단 그렇게 하고 나면 왜 진작에 용기를 내서 문제를 털어놓지 못한 건지 의아한 기분마저 든다.

30대 초반 처음 목사로 일하기 시작했을 무렵, 나는 심리 치료에 관심이 있는 다른 목사들과 함께 시간을 보냈다. 우리는 자기 자신과 서로의 내면을 더욱 깊이 있게 이해하기 위해 노력했다. 그러던 어느 날, 나보다 몇 년 선배인 여성 목사가 이런 말을 했다. "너는 너무 연약해 보여." 그런 말을 들은 게 처음은 아니었지만 그날은 왠지 모르게 인신공격을 당한 것 같은 기분이 들어서 도저히 참을 수가 없었다. 나는 곧바로 이렇게 대꾸했다. "뭐 눈에는 뭐만 보인다더니, 그러는 본인이 더 연약한 거 아니에요?" 그 이후로 나는 그 사람을 멀리했고 사람들 앞에서 강한 모습을 보이려고 더더욱 애썼다.

내가 자란 곳에서는 투지와 근성을 보여 주지 않으면 사람들의 지지를 받을 수 없었다. 가치 있는 존재로 인정 받고 존중 받으려면 뛰어난 능력과 실력을 갖추거나 남들에게 도움이 될 만한 무언가를 가지고 있어야 했다. 그래서 나는 그 목사가 했던 말 중에서 혹시 일리 있는 부분이 있지는 않은지 살펴볼 용기조차 낼 수 없었다.

당시 나는 다른 사람들이 내 연약함을 거울처럼 다시 보여 줄 때 마음이 불편해지는 이유가 불안 때문이라는 사실을 미처 깨닫지 못했다. 다만 기분이 정말 이상했고 화가 치밀어 올랐다. 마치 얼굴 근육이 내 마음대로 움직이지 않는 것만 같은 기분이 들었다. 자신감 넘치는 표정으로 환하게 웃고 싶었지만, 나의 눈빛은 흔들리기 시작했고 신경성 틱이 심해져서 괴로웠다. 목소리는 쥐구멍에라도 들어갈 것처럼 작아졌고, 자꾸만 내면 깊은 곳의 민얼굴이 그대로 표정에 드러났다. 나라는 존재 자체가 뒤흔들리는 기분이 들고, 발을 딛지 못한 채 허공에 떠 있는 것만 같았다.

그 후로 몇 년이 더 지나고 나서야 겨우 용기를 내서 내 연약함을 살펴보고 인정할 수 있었다. 그러자 그토록 수치스러위했던 내 심약한 모습에 의외로 호감을 느끼는 사람들도 있다는 것을 알게 됐다.

수치심을 느낄 때 나타나는 불안은 내가 경험한 것처럼 늘 심각하지만은 않으며 다양한 강도로 나타날 수 있다. 앞으로 이 책에서는 그런 부분을 다루고자 한다.

수치심이 어떻게 발생하는지, 왜 어떤 사람들은 평균 이상으로 심각하게 수치심을 느끼는지, 어떻게 하면 여러 문제의 기저에 깔린 원인이 수치심이라는 사실을 확인할 수 있는지, 그리고 어떻게 하면 수치심과 관련된 문제를 해결하고 더욱 커다란 내적 자유를 얻을 수 있는지에 대해 분명하고 솔직하게 이야기하려 한다. 이 책은 심리학이나 개인의 성장에 관심이 있는 모든 사람들을 위한 책이다. 특히 스스로 뭔가 문제가 있다는 생각에 쉽게 빠져드는 사람들에게 유익할 것이다.

더욱 깊이 파고들어 가 보면 수치심은 결국 불안정한 자기 인식(self-perception)에 대한 반응이다. 스스로 수치심을 느끼는 부분이 딱 하나밖에 없는 사람들도 있는 반면, 수치심이라는 감정에 깊이 영향 받고 휘둘리는 사람들도 있다. 자신이 느끼는 수치심의 정도와 범위가 어떻든 간에 이 책에 실려 있는 방법들을 활용하면 수치심으로부터 조금은 자유로워질 수 있을 것이다.

수치심에는 순기능도 있다. 일례로 우리는 다른 사람들 앞에서는 대개 탐욕을 억제하는데, 이는 그러지 않을 경우 스스로 수치심을 느끼게 되기 때문이다. 하지만 이 책에서는 수치심이 초래하는 부정적인 결과들과 어떻게 하면 그런 것들에서 벗어날 수 있는지를 주로 다룰 것이다.

수치심에 관한 문제에 있어서 특히 골치 아픈 것은 우리가 때때로 수치심 그 자체에 대해 수치심을 느끼기 때문에 도움을 구하지 않는다는 것이다. 나는 그동안 외로움 뒤로 숨어버리는 사람들을 수없이 봐 왔다. 그럴수록 한 발짝 성큼 앞으로 나서서 상처 받는 것을 겁내지 말고, 열린 태도로 사랑하면서 살아가야 하는데 말이다.

수치심은 삶을 망가뜨린다. 다른 사람들은 말할 것도 없고 자기 자신한테서도 도망쳐서 방어막 뒤에 몸을 웅크리고 숨게 만든다. 이 방어막은 빛을 가로막아 사물을 또렷하게 볼 수 없게 한다. 이는 마치 자신과 바깥세상 사람들 사이를 가로막고 의사소통을 왜곡하는 뿌연 유리창과도 같다.

다행히 여기서 빠져나갈 방법은 있다. 자신이 수치심을 느끼는 대상을 용기 있게 인정한 사람들의 이야기를 듣는 것만으로도 감명을 받고 그런 용기를 얻을 수 있을 것이다. 그런 까닭에 수치심과 자기 억압에서 벗어날 방법을 찾아낸 수많은 사람들의 이야기를 이 책에 담았다.

아울러 이 책에는 독자들이 자신의 방어막을 열고 쏟아져 들어오는 빛을 받아들이는 데 도움이 될 만한 다양한 방법이 실려 있다. 그동안 자신을 있는 그대로 인정하지 못하게 만들었던 수치심의 짙은 안개는 그 찬란한 빛 앞에서 사라질 것이다. 그리하여 사물을 더욱 명확하게 보게 된다면, 자신의 수치심에 순응할 필요가 없다는 사실을 깨닫게 될 것이다.

때로는 문제의 원인이 나라는 생각이 들 때도 있겠지만 그렇지 않다. 나라는 존재 자체가 잘못된 것이 아니다. 나에게 뭔가 문제가 있는 것 같은 기분이 든다면, 그건 그냥 안 좋은 일이 일어났기 때문이다. 모든 문제가 다 내 탓은 아니다.

각 장의 말미에 실려 있는 과제들을 활용하면 자신의 수치심을 더욱 깊이 이해할 수 있을 것이다. 어쩌면 이런 이해의 과정이 수치심에서 벗어나는 데 도움이 될 수도 있다. 어떤 과제들은 수많은 감정을 불러일으킬지도 모른다. 그러니 과제를 시작하기 전에 친구에게 미리 연락해서 과제를 하는 도중에 또는 과제를 다 끝낸 후에 하고 싶은 말이 떠오른다면 전화를 걸 수 있도록 이야기해 두는 것도 좋겠다.

또한 책의 끝부분에 실려 있는 수치심 자가 진단 테스트(188쪽)를 통해서 자신에게 부담이 되는 수치심의 정도를 가늠해 볼 수도 있다. 책을 읽기 전에 테스트부터 해 봐도 되고, 책을 다 읽은 후에 해도 좋다. 내키지 않는다면 테스트는 건너뛰어도 괜찮다. 테스트 뒤에는 수치심 점수가 높게 나온 사람들을 위한 몇 가지 팁을 적어 두었다.

아마 여러분은 이 책을 읽는 동안 자신이 얼마나 수치심을 느끼는지 알게 될 것이다. 수치심은 이렇게 외친다. "넌 쓸모없는 존재야. 그만둬. 너를 파묻어 버려. 숨어 버려." 나는 독자들이 이 책을 통해 수치심을 직시할 용기를 얻을 수 있기를, 그렇게 세상으로 나아가 날개를 펼치고 자신을 받아들이고 지켜 낼 수 있기를 간절히 바란다.

2020년 8월, 호우에드가르에서

일자 샌드

CONTENTS

Say
Hello
To
Your
Shame

1부

1장

수치심,
나만 아는 내 마음속
가장 깊은 상처

수치심은 사랑 받지 못한다는 느낌, 또는 뭔가 잘못됐다는 생각이 들 때 밀려오는 감정이다. 수치심에 관한 카르스텐 스타게(Carsten Stage) 박사의 저서에 따르면, '수치심(shame)'은 무언가 또는 누군가를 보이지 않게 한다는 뜻에서 '숨기다(to hide)'라는 표현과 관련이 있다(shame의 어원이 게르만 조어의 'skamo', 즉 '숨기다'라는 뜻의 'skem-/kem-'에서 유래한 것으로 추정된다.

— 옮긴이). 이는 내가 지금 느끼는 감정이 수치심인지를 판단하는 데 유용한 단서가 된다. 만약 다른 사람들의 눈을 피하고 싶은 절박한 기분이 든다면 아마도 수치심이 맞을 것이다. 사람이 느끼는 수치심의 강도는 다양하다. 최악의 경우에는 자기 공감(self-empathy)을 전혀 하지 못해서 자신을 털끝만큼도 너그럽게 대할 수 없게 된다. 수치심의 강도를 단계별로 나타내면 다음과 같다.

나 자신을 혐오한다

나 자신이 싫다

나는 살 가치가 없는 인간이라고 생각한다

나는 모든 면에서 완전히 잘못된 것 같다

나는 여러 면에서 잘못된 것 같다

나 자신에게 수치심을 느끼는 부분이 하나 있다

나 자신이 매우 창피하다

나 자신이 꽤 창피하다

나 자신이 창피하다

나 자신이 조금 창피하다

나 자신이 아주 조금 창피하다

가장 약한 수준의 수치심은 뭔가 조금 창피하다는 기분이 잠깐 드는 정도다. 그런 감정은 깨닫기도 전에 순식간에 사라져 버리기도 한다. 아니면 잠시 남들의 눈을 피하고 싶어진다는 것을 자각할 수도 있다.

단계가 조금 더 올라가면 두 뺨이 얼음장처럼 차가워지거나 뜨거워지기도 한다. 정도가 심해질수록 남들 눈에 띄지 않게 사라지고 싶다는 절박함이 강해진다. 어쩌면 자기도 모르게 고개를 숙이고 어깨를 늘어뜨리고 의자 속으로 꺼져 버릴 듯이 푹 파묻힐 수도 있다.

수치심의 원인은 다양한데 이는 사람마다 다르다. 어떤 문화나 집안, 직장이나 가정에서, 또는 어떤 사람 앞에서 창피하고 도저히 용납될 수 없이 잘못했다고 여겨지는 일일 수도 있다. 남들에게는 사소한 문제일지라도 누군가에게는 깊은 수치심을 느낄 만한 일일지도 모른다. 단어를 잘못 발음하거나, 셔츠에 살짝 얼룩이 졌거나, 이모티콘을 잘못 보낸 일로도 누군가는 수치심을 느낄 수 있다. 다른 사람이라면 별일 아닌 것으로 금세 떨쳐 버리거나 어쩌면 기억조차 안 날 그런 일들 말이다.

한번 수치심이 들면 그로 인해 나의 더 많은 약점이 드러나 내가 속한 집단에서 배제되어 버리는 게 아닐까 덜컥 겁이 나고 강렬한 불안감에 휩싸이게 된다. 이는 우리 뇌가 어떤 면에서는 여전히 초원에 살던 고대 인류처럼 작동하기 때문이다. 그 시대에 부족으로부터의 추방은 곧 죽음과 다름없었다. 야생동물들에게 인간은 너무나 쉬운 사냥감이었기 때문이다. 마찬가지 이유로 어린아이들 역시 어른과 애착을 형성하지 않고서는 살아남을 수 없다. 오늘날 자신이 손을 떠는 모습을 누군가에게 들켜서 수치심이 들면 그로 인해 마치 자신의 목숨이 위태로워질 거라는 공포까지 느끼는 사람도 있다. 실제로 먼 옛날에는 그런 일이 벌어지기도 했다. 또한 어릴 때는 누군가의 보살핌에 의존할 수밖에 없다. 이처럼 우리는 고대 인류의 생존 조건과 어린 시절의 개인적 상황에 영향을 받는다.

나의 수치심 인지하기

수치심에 관한 이야기를 꺼내기란 결코 쉽지 않다. 때로는 수치심을 느낀다는 사실 자체가 수치스러워서 그 안을 들여다보고 싶지도 않기 때문이다. 심지어 수치심 때문에 외롭고 울적한 기분이 드는데도 원인을 파악하기 어렵다.

'실직한 상황'을 예로 들어 보자. 이성적으로 생각하면 수치스러워할 일이 전혀 아닌데도 수치심을 느낄 수 있다. 누군가에게 자신이 해고 당했다는 말을 꺼내려 할 때 갑자기 심장이 세게 뛰고 눈빛이 불안하게 흔들려서 스스로 깜짝 놀랄 수도 있다. 내면 깊숙이 자리 잡은 수치심은 단지 상식적으로 생각하는 것만으로는 털어 버릴 수가 없다.

수치심을 주의 깊게 살펴보는 데는 두 가지 방법이 있다. 첫째는 수치심을 유발하는 주된 대상에 집중하는 것이다. 둘째는 더욱 심층적인 차원에서 수치심을 증폭시켜 사소한 일에도 폭발하게 만드는 근본적인 원인에 집중하는 것이다. 다음의 사례들을 보면서 나는 어떤 상황에서 수치심을 느끼는지 생각해 보자.

수치심을 촉발하는 상황들

일반적으로 수치심을 불러일으키는 문제와 상황들을 몇 가지 살펴보자. 여기 실려 있는 사례들은 일부에 불과하며 한없이 다양한 문제와 상황이 존재한다.

겉모습

몸이나 옷처럼 신체와 관련된 문제일 수도 있고 어수선한 집이나 지저분한 차 때문일 수도 있다.

> 바지 지퍼 올리는 걸 깜박한 적이 있어요. 그런 줄도 모르고 학생들 앞에서 수업을 하고 있던 거예요. 정말 끔찍했죠. 죽을 만큼 창피했어요.
>
> 야콥, 56세

> 3킬로그램쯤 살이 찌니까 바닷가 같은 데서 배를 드러내지 못하겠어요. 예전에는 비키니를 입어도 아무렇지 않았는데 이제는 그 위에 뭐라도 꼭 걸치게 돼요. 날씨가 아무리 더워도 절대로 안 벗죠.
>
> 메레트, 45세

감정

부정적인 감정과 긍정적인 감정 둘 다 수치심을 불러일으킬 수 있다. 예를 들어, 동료보다 내 급여가 더 많다는 사실을 알게 됐을 때, 티를 내는 게 부적절하다는 생각이 들어서 흐뭇한 기분을 애써 감추려 할 수도 있다. 이는 긍정적인 감정에 대해 수치심을 느끼는 것이다. 하지만 대체로 부정적인 감정들에 대해 수치심을 느끼는 경우가 더 많다. 사람들은 긴장하고 불안한 상태를 남에게 들켰을 때 창피함을 느낀다. 그래서 손이 떨리고 겨드랑이가 식은땀으로 축축해지는 모습을 본능적으로 숨기려 한다. 또한 어떤 일 때문에 짜증이 날 때도 수치심이 들 수 있다.

> 남자친구가 가끔 꽃을 선물해요. 처음 꽃을 받았을 때는 정말 깜짝 놀랐고 사려 깊은 남자친구가 있다는 게 행복했죠. 하지만 이제는 꽃을 너무 자주 받다 보니 진짜 마음에서 우러나서 기뻐하는 척하기가 힘들어요. 어떨 때는 꽃병을 찾는 것조차 귀찮거든요. 어떻게든 행복한 척하려고 애쓰지만 속으로는 꽃 때문에 성가시고 짜증이 나곤 해요. 남자친구는 그런 내 마음을 몰라야 할 텐데…….
>
> 피아, 28세

이처럼 선물을 받았는데 기쁘지 않거나 다른 사람들이 기대하는 것처럼 누군가에게 긍정적인 감정을 느끼지 못하는 상황 등 감정의 부재에 대해서도 수치심을 느낄 수 있다.

필요/욕구

감추고 싶은 필요나 욕구가 있다는 게 어떤 뜻인지는 아마 다들 잘 알 것이다.

> 저녁에 뭐라도 제대로 하려면 미리 낮잠을 좀 자 둬야 해요. 직장에서는 다행히 단축 근무가 가능해서 매일 오후 두 시에서 세 시 사이에는 낮잠을 잡니다. 이 사실을 아는 사람은 내 아내밖에 없어요. 낮잠을 자고 있는데 누가 문을 두드리면 내가 문을 잠가 뒀는지 덜컥 불안해져요. 대낮에 누워서 자다가 들키면 창피할 것 같거든요.
>
> 올레, 55세

또는 그릇된 욕구를 느끼는 경우도 있다.

> 아내를 사랑하지만 때로는 다른 여자에게 끌리기도 해요. 그

여자를 원하는 것만 같은 기분이 들어요. 아무한테도 들키면 안 되는데.

모텐, 57세

필요나 욕구는 자신이 선택할 수 있는 게 아니므로 그런 감정이 드는 게 잘못은 아니지만 상당한 수치심을 유발할 수 있다.

처지

자의와는 상관없이 싱글이거나 아이가 없거나 실직하는 등 스스로 왠지 떳떳하지 않은 상황에 처해 있는 경우에도 남들이 자신을 무시한다는 생각에 빠지기 쉽다.

정부 보조금을 받기 시작한 다음부터는 외출이 꺼려졌어요. 사람들이 나한테 무슨 일을 하냐고 묻는 게 정말 싫어요. 가끔은 그냥 천연덕스럽게 거짓말을 하기도 해요. 내가 그럴 줄은 정말 몰랐어요. 나도 깜짝 놀랐죠. 하지만 있는 그대로 솔직하게 털어놓는 게 너무 괴로워서 나도 모르게 저절로 괜찮은 직장에 다니는 척하게 되더라고요.

옌스, 59세

혼자 살게 되면서부터 토요일 밤에 산책 나가는 건 관뒀어요. 상쾌한 바깥공기도 쐬고 싶고 운동도 해야 하는데 그냥 집에만 처박혀 있죠. 토요일 밤에 혼자 거리를 쏘다니면 내가 얼마나 외로운지 동네방네 다 알리는 것 같은 기분이 들거든요.

이레네, 62세

자신이 택하지 않은 상황 또는 약점과 관련이 있다고 여겨지는 상황 때문에 자신에게 뭔가 문제가 있다는 기분이 들거나 자기 스스로 열등하다는 생각이 들면 수치심을 느끼게 된다.

이상적인 자기 이미지

부모가 된 후에 완벽한 부모와 거리가 먼 자신의 모습에 문제가 있다고 여기는 사람들도 많다.

아이들을 낳기 전에는 부모가 되면 정말 많은 것들을 줄 수 있을 거라고 확신했어요. 아동 심리학과 관련된 책도 여러 권 읽었고 육아에 대해서 열심히 공부했죠. 하지만 현실은 전혀 달랐어요. 특히 기억에 남는 날이 있어요. 8일 연속으로 비가 온 날이었죠. 집에서 혼자 아이들을 돌보면서 내 딴에는 밝고 긍정적인 분위기를 유지하려고 애썼어요. 그런데 결국에는 녹초가 돼 바닥에 주저앉아 울어 버렸죠. 그런 감정을 아이들 앞에서 쏟아내고 나니 너무나 끔찍한 기분이 드는 거예요. 내가 그런 반응을 보이자 아이들도 불안해했어요.

리제, 43세

부당한 대우

타인이 나에게 저지른 행동이 수치심의 원인이 될 수도 있다. 정작 수치심을 느껴야 하는 건 상대방인데도 말이다. 근친상간을 당한 피해자들은 폭력을 당한 피해자들과 마찬가지로 수치심을 느낀다. 사람들은 푸대접을 받거나 거절당하거나 방치되거나 무시당하거나 잊혀질 때 그런 모습이 남들의 눈에 띄지 않기를 바란다. 어쩌면 어린 시절에 겪은 일 때문일 수도 있다. 몇 년이 지난 후에야 비로소 용기를 내어 말을 꺼낼 수 있는 그런 사건들 말이다.

어릴 때 언니랑 비교를 많이 당했어요. 아빠는 항상 매사에 부지런하고 차분한 언니를 제발 좀 닮으라고 말하곤 했죠. 나는 학교 공부를 따라가기도 버거웠고 한참 동안 가만히 앉아 있지도 못했어요. 누가 어린 시절에 관해 물어보면 그냥 좋았다고만 해요. 대부분은 그랬지만요. 항상 언니보다 못하다는 말을 듣고 자랐고, 그래서 참 외로웠다는 말은 지금껏 아무에게도 한 적이 없어요.

아그네트, 18세

이런 상황은 성인이 된 이후에도 불쑥 나타날 수 있다.

아내한테는 회사에서 좌천됐다는 말은 입 밖에도 안 꺼냈어요. 그냥 다른 업무를 맡게 되었다고만 했죠. 나보다 젊은 동료에게 내 자리를 빼앗기고 비핵심 부서로 밀려난 일에 대해선 말하지 않았어요.

헨닝, 57세

굴욕을 당하거나 부당한 대우를 받으면 열등감이 심해져서 자꾸만 숨고 싶어진다.

약점/의존

모든 형태의 부족함과 무력감도 수치심을 불러일으킬 수 있다.

> 이혼 문제로 며칠째 제대로 잠도 못 잔 상태였지만 출근은 해야만 했어요. 무슨 일이든 다 잘해 내는 사람처럼 보이려고 최선을 다했죠. 하지만 애써 웃음을 지어 보려 해도 자꾸만 표정이 굳어졌어요. 마음속으로는 정반대의 기분이 들었죠. 비참한 기분이었지만 그런 내색을 하지 않으려고 필사적으로 노력했어요.
>
> 마리아, 42세

> 내가 흡연자라는 게 부끄러워요. 어떻게든 그 사실을 숨기려고 애쓰죠. 가장 친한 친구를 만날 때도 창고 뒤에 숨어서 담배를 피워요. 혹시 친구가 창밖을 내다볼지도 모르잖아요.
>
> 샬로테, 48세

> 심리치료사가 내게 수치심에 관한 질문을 했을 때 누군가한 테서 험한 말을 들었던 일 그 자체보다 그때 스스로를 방어하

지 못했다는 게 더욱 수치스러웠다는 걸 깨달았어요.

페테르, 45세

때로는 무력감이 수치심의 주된 원인이기도 하다. 누구나 남들에게 강한 사람으로 보이고 싶어한다. 자기 자신과 자신의 삶을 잘 돌보고 이끄는 그런 사람 말이다. 하지만 실제로 항상 그렇게 살 수 있는 사람은 없다.

막연한 기분

구체적인 이유는 잘 모르는 상태에서 자기 자신을 부끄럽게 여길 수도 있다. 자신에게 어떤 결점이 있는데 그게 무엇인지 아직 찾아내지 못한 것만 같은 기분이 들기도 한다.

10대 시절에는 내 등에 뭔가 더러운 게 묻은 것 같은 이상한 기분이 들곤 했어요. 매번 옷을 벗어서 확인해 봤지만 멀쩡했죠. 그냥 어떤 가게에 갔는데 자꾸만 나에게 뭔가 문제가 있고 나만 빼고 모든 사람들이 그걸 볼 수 있는 것만 같은 기분이 들어서 마음이 정말 불편했어요.

메테, 32세

타인의 수치심에 대한 동일시

자신과 관련 있는 사람이 부끄러운 기분이 들면 그 사람과 함께 있는 모습을 남들이 볼 때 수치심을 느낄 수 있다. 예를 들어, 부모님이 술을 많이 마신다거나 가난하다거나 비만일 때 그런 기분이 들기도 한다. 또는 배우자나 아이가 부끄럽거나 부끄러운 행동을 할 때 수치심을 느낄 수도 있다.

우리 형은 뇌성마비 때문에 휠체어 신세를 졌어요. 어릴 때 가족 모두 일요일에 산책을 나가면 나는 항상 다른 식구들의 앞이나 뒤에서 몇 미터 떨어져서 걷곤 했습니다. 늘 혼자 걷는, 지독하게도 외로운 소년이었죠. 누군가 내가 형이랑 같이 있는 모습을 볼까 봐 두려웠어요. 그러면서도 동시에 사람들이 형을 보면서 나를 떠올리는 게 싫다고 생각하는 나 자신이 정말 끔찍한 사람처럼 여겨졌죠.

포울, 52세

아버지가 자리에서 일어나서 연설을 시작하시는데 탁자 밑으로 기어 들어가서 숨고만 싶었어요. 대신 냅킨을 뚫어져라 쳐다보면서 귀를 기울여 집중하는 척했죠. 내가 아버지

를 얼마나 부끄러워하는지 아무도 눈치채지 못하기만을 바
랐어요.

한네, 32세

잘못된 일의 목격

때로는 자기와 상관없는 일에 대해 수치심을 느낄 수도 있
다. 외출해서 거리를 걷다가 버젓이 노상방뇨를 하는 취객을
보게 되면 왠지 당황스럽거나 민망한 기분이 들기도 한다. 옆
에서 누가 정말 이상한 소리를 하는 걸 들을 때도 이렇게 불
편한 기분이 들 수 있고, 입가에 음식이 묻은 사람을 보거나
가르치려 드는 말투로 아내를 하대하는 남자를 볼 때도 마찬
가지다. 민망함은 수치심의 친척뻘이다. 부끄러움과 수줍음
도 같은 계열에 속한다.

앞서 언급했듯 이 사례들은 수치심이 나타날 수 있는 수없
이 많은 상황 중 일부다. 하지만 당신이 자신의 수치심을 파
악하는 데 도움이 될 것이다.

죄책감은 자신의 행동과 관련이 있다. 반면 수치심은 자신의 존재 전체에 관여한다. 보통 자신이 저지른 어떤 일 또는 생각 때문에 죄책감이 들 수 있지만 수치심은 이와는 사뭇 다르다. 어떤 경우에는 수치심이 드는데도 그런 수치심이 들게 한 대상이 무엇인지 제대로 말로 표현하지 못할 수도 있다. 그저 자기한테 뭔가 문제가 있다는 느낌이 어렴풋이 들 수도 있고, 남들 앞에 자기가 드러나거나 외면 받는 상황이 막연하게 두려울 수도 있다.

똑같은 행동에 대해 죄책감과 수치심을 동시에 느낄 수도 있다. 예를 들어, 사랑하는 사람에게 길길이 날뛰며 화를 냈다고 해 보자. 그 사람에게 소리를 질렀다는 사실 때문에 죄책감을 느끼고 그런 행동을 했던 것을 되돌리고 싶은 생각이 들 것이다. 한편 수치심은 자기가 저지른 행동에서 자신의 모습을 마주할 때 불쑥 나타난다. '이 사건이 나라는 사람에 관해 어떤 걸 알려 줄까? 내가 바보천치라는 거? 나는 나쁜 사람인 걸까?'

죄책감이 느껴진다면 그 일에 대해 책임을 질 수 있다. "내가 잘못했어, 미안해." 그렇게 함으로써 자신의 인품과 품위를 보여 줄 수 있다. 반면 수치심이 느껴질 때는 이렇게 말하고 싶어질지 모른다. "내가 그런 거 아니야!" 자신의 행동 때문에 자기가 어떤 사람인지 드러났다는 생각이 들어 놀라고 겁먹게 되는 것이다.

사랑하는 사람에게 사과하고 꽃을 선물한다거나 저녁 식사를 대접하는 등 그 일을 만회할 만한 보상을 제공하면 죄책감을 조금이나마 덜어 낼 수 있다. 하지만 수치심은 다르다. 수치심은 떼어 낼 수 없을 만큼 금세 착 달라붙어서 자기 자신에 대해서 회의하고, 인간으로서 자신의 가치에 대해 의구심을 갖게 만든다.

죄책감	수치심
자신이 한 일에 관한 것이다	자기가 어떤 사람인지에 관한 것이다
자신감에 영향을 미친다	자존감에 영향을 미친다
어떤 행동을 취해야겠다는 생각이 든다	무력감을 느끼고 소극적인 기분이 든다
사과를 하면 도움이 된다	사과를 해도 소용이 없다
보상하거나 만회할 수 있다	보상하거나 만회할 수 없다

죄책감과 수치심이 동시에 나타나더라도 이 두 가지 감정

을 확실히 구별할 필요가 있다. 이를 떨쳐 내기 위해서는 각기 다른 방식으로 대처해야 하기 때문이다.

자신의 내면에 센서가 있다고 상상해 보자. 이 센서는 자기가 속해 있는 집단에서 용납 가능한 한계에 얼마나 가까이 다가갔는지를 끊임없이 측정하는 체온계 또는 기압계와 비슷한 장치다. 이 센서는 모든 사람이 자신을 어떤 눈빛으로 쳐다보는지를 모니터링하고 해당 집단의 구성원들이 서로 어떻게 대화하는지를 주의 깊게 살핀다. 예를 들어, 어떤 집단은 눈에 잘 띄고 남들과 다른 모습을 당당하게 드러내는 사람들을 긍정적으로 평가한다. 그런 경우에는 사회적 레이더가 그다지 예민하게 작동하지 않는다. 이번에는 다른 사람들을 안 좋게 평가하는 일이 흔히 일어나는 집단이라고 가정해 보자. 실업자를 비방하는 분위기라면 자신이 현재 실직 상태이거나 예전에 그런 경험을 한 적이 있다는 사실을 어떻게든 들키지 않게 감추고 싶을 것이다. 타인을 함부로 재단하는 집단에 속해 있으면 되도록 조심스럽게 자제하는 태도를 취하게 되고 남들의 눈에 띄는 행동을 피하게 된다.

만약 자기 내면의 센서가 집단에서 허용 가능한 범위를 넘어설 것 같다는 두려움이 감지되면 경고 신호가 울리고 수치심 반응이 일어난다. 눈길을 피하고 얼굴이 빨개지거나 백짓장처럼 창백해지고 심장이 쿵쿵 뛰기 시작한다. 그리고 '어떻게 하면 이렇게 부끄럽고 난처한 상황에서 빠져나갈 수 있을까?' 그런 생각만 든다.

이런 센서는 자신이 속한 집단에서 추방될 만한 행동을 하지 않도록 스스로를 감시하게 한다. 조용할 때는 잠자코 있지만 상자 속 깜짝 인형처럼 갑자기 튀어나와 우리를 뼛속까지 뒤흔들 수도 있다.

그런데 알고 보면 여기에는 거짓 경보도 상당히 많다. 내면의 센서가 시대의 변화를 미처 따라오지 못해서 여전히 약점을 드러냈다가는 추방될지도 모른다고 믿고 있는 것이다. 지금 우리가 살아가는 세상은 오래전 인간의 뇌가 형성되던 시절과는 사뭇 다르다. 이제는 싸움에서 이기는 것이 더 이상 그렇게까지 중요하지 않다. 오히려 자신의 불안한 면을 과감하게 드러내는 사람이 다른 사람들과의 유대를 더욱 수월하게 형성할 수 있다. 자신의 약한 면을 감지하고 보여 줄 수 있는 용기는 사랑하는 사람과 가깝고 친밀한 관계를 맺는 데 핵심적인 역할을 한다. 인류가 초원에서 살았던 먼 옛날에는 생존 그 자체가 무엇보다 중요했겠지만 이제 우리는 행복을 추구하는 데 시간과 에너지를 쏟을 여유가 있고 여기에는 사랑할 수 있는 능력이 반드시 필요하다. 그렇기 때문에 고대 인류가 살던 시절과는 달리 오늘날에는 자기 내면의 불안을 인정하고 사랑하는 이들에게 자신의 약한 모습을 솔직하게 드러내는 것이 자신의 강점을 활용하는 능력만큼이나 중요하다.

또한 내 안에 내적 지지가 부족한 부분이 발견될 경우, 스스로에 대해 괜찮은 건지 아닌지 확신이 없어지면 그때도 내면의 센서가 작동해 거짓 경보를 울리게 된다. 지금 내가 불안한 상태이며 자칫 잘못하면 선을 넘어설 것 같다고 판단하기 때문이다.

다음 장에서는 이런 자아상(self-image)에 대한 불안이 어떻게 형성되는지에 관해 이야기해 보려 한다.

수치심은 사회적 감성

사회적 센서가 약한 사람들은 다른 사람들 앞에서 어떻게 행동해야 할지에 대한 인식이 다소 부족하다. 예를 들어, 모임에서 대화를 주도하고 싶다는 생각에 다른 사람이 말하고 싶어하는 것도 무시하곤 한다. 뿐만 아니라 상대방이 수줍어하는 것을 인지하지 못하고 지나치게 사적인 질문을 던진다거나 환영의 의미로 인사를 나누며 너무 오래 포옹하기도 한다.

비교적 짧게 지속되는 가벼운 수치심 반응의 경우 꽤 긍정적인 영향을 미칠 수 있다. 주변 상황에 맞춰서 자신의 행동을 조절할 수 있기 때문에 다른 사람이 잘못을 지적해 줄 필요도 없다. 이런 내면의 경고 덕분에 동료들과 이웃들 그리고 가족들과도 좋은 관계를 유지할 수 있다.

하지만 자기가 속한 집단에서 살짝 튀는 행동을 하거나 심지어 그런 상상만으로도 내면의 센서가 작동해 수치심 반응이 일어난다면 문제가 된다. 모임에서 다른 사람들과 더욱 가까워질 수 있고 창의력을 발휘할 수 있는 기회가 있는데도 자꾸만 주저하고 망설이게 되기 때문이다.

수치심은 사회적 감정이기 때문에 무인도에 혼자 있는 상황에서는 쉽게 활성화되지 않는다. 강한 수치심 반응을 보이는 사람들은 혼자 있을 때 가장 마음이 편안하기 때문에 홀로 조용히 살아가는 삶을 택하는 경우가 많다. 하지만 혼자 지내는 것에 대해서까지 수치심을 느낀다면 수치심이 더욱 증폭될 수도 있다. 수치심을 피하기 위해 고독한 삶을 택했는데 외로움 때문에 수치심이 더욱 심해지는 악순환이 생겨나는 것이다.

꼭 혼자 살 때만 외로움을 느끼는 것은 아니다. 여러 사람이 모인 집단 안에서도 무인도에 있는 듯한 기분을 느낄 수 있다. 당신이 어떤 사람인지, 어떤 감정을 느끼는지를 온전히 알아주는 사람들이 단 한 명도 없을 수 있기 때문이다. 수치심에 대해 지나친 과민 반응을 보이면 결과적으로 고립될 가능성이 있다.

☐ 나는 어떤 상황에서 수치심을 느낄까? 내가 수치심을 느끼는 상황들을 떠올리고 리스트를 작성해 보자.

☐ 내면의 센서가 위험을 과도하게 감지해 거짓 경보를 울린 적은 없었는지 떠올려보자.

☐ 죄책감이나 수치심, 또는 두 가지 감정 모두를 느낀 상황이 있었는지 생각해 보자.

☐ 죄책감과 수치심의 차이를 설명해 보자.

Summary

수치심은 마음이 조금 불편한 것에서부터 극도로 부끄럽거나 스스로를 무가치하다고 생각하기까지 다양한 강도로 경험할 수 있다. 수치심은 혼인 관계 또는 연인 관계, 자기가 속한 집단, 심지어 사회 전체로부터 배제되는 것에 대한 두려움을 포함한다.

죄책감과 달리, 수치심은 사과를 하거나 보상을 한다고 해서 사라지지 않는다.

수치심은 사회적 감정이다. 긍정적으로 작용하면 사회적 상황들을 헤쳐 나가는 데 도움이 되지만, 사회적 센서가 과도하게 예민할 경우, 매우 사소한 일에도 극심한 수치심을 느끼고 부끄러워할 수 있다. 사람마다 수치심을 느끼는 대상은 각기 다르지만 어떤 상황에서는 다른 상황보다 더욱 쉽게 수치심을 느낄 수 있다. 대개 스스로가 나약하게 느껴지고 자신에게 통제력이 없다는 생각이 드는 경우가 그렇다.

2장

나는 왜
사소한 일에
수치심을 느낄까

자칫 다른 사람에게 선을 넘는 행동을 하거나 자신이 속한 집단에서 허용되지 않는 행동을 할 뻔한 상황에서의 수치심은 일종의 경고 역할을 하는 건전한 반응일 수 있다. 하지만 항상 자신에게 뭔가 문제가 있다는 느낌이 든다면 이는 만성적인 수치심으로 볼 수 있다. 만성적인 수치심이 심해지면 수치심을 느끼는 상황에 대해 과민 반응을 보이게 된다. 일시적인 반응에 그치는 것이 아니라 그 자리에서 달아나 숨고 싶은 충동에 며칠씩 괴로워지는 것이다.

한동안 이런 만성적인 수치심에 시달리지 않고 행복하게 잘 지냈더라도 갑자기 어떤 사건이 발생하거나 위기가 닥치거나 굴욕적인 패배를 경험하게 되면 다시 수치심이 심해지기도 한다. 그러고 나면 또다시 자기한테 심각한 문제가 있는 것만 같은 기분에 사로잡히게 된다.

만성적인 수치심은 조화롭지 못한 상호작용을 반복적으로 경험할 때 생겨난다.

우리는 서로에게 속해 있다는 기분이 들 때 안정감을 느낀다. 특히 상대방과 눈을 맞췄을 때 그 사람이 나를 진심으로 바라봐 주고 이해해 준다는 느낌을 받으면 마치 하나가 된 듯한 기분이 든다. 또한 목소리를 통해서도 연대감이 형성될 수 있는데, 서로 같은 톤으로 대화하고 응답할 때 우리는 조화로운 관계를 맺고 있다고 느낀다. 누군가와 눈을 맞추고 진정성 있게 이야기를 나누는 과정을 통해 깊은 행복과 일체감을 경험하는 것이다. 반면 내가 어떤 신호를 보냈는데 그 신호가 다른 파장으로 돌아오게 되면 혼란스러워지고 상대방과 조화를 이루지 못한다는 기분이 든다. 조화롭지 못한 상호작용이란 바로 이런 불일치를 가리킨다.

> 몇 번이나 시도한 끝에 남자친구에게 겨우 내 마음을 전했어
> 요. 당신을 잃을까 봐 두렵다고 말했죠. 내가 얼마나 마음이
> 약한지를 이해해 주고 부드러운 목소리로 응답해 주기를 바
> 랐어요. 하지만 그런 일은 일어나지 않았어요. 남자친구는 무
> 심한 눈길로 나를 쳐다보더니 이렇게 대답했어요. "그럴 수
> 도 있겠네." 마치 새로 산 자전거에 대해서 이야기하는 것처
> 럼 무미건조하게 들렸죠. 나는 완전히 거부 당한 기분이 들
> 었고 너무나도 불안했어요.
>
> 아니타, 52세

아니타가 자존감이 높은 사람이었다면 그저 남자친구가
지금은 친밀하게 대할 기분이 아니거나 자신의 의도를 착각
했을지도 모른다고 생각했을 것이다. 어쩌면 자기가 한 말을
남자친구가 어떤 뜻으로 이해했는지 단도직입적으로 물어
봤을지도 모른다.

이처럼 내가 표현한 것과 나한테 돌아오는 반응이 일치하
지 않을 경우, 내가 소중한 사람이라는 확고한 믿음이 있어야

만 이런 상황을 자신의 탓으로 돌리지 않을 수 있다. 반면 자존감이 낮은 사람이 이런 상황에 처하게 되면 자신에게 뭔가 문제가 있다는 생각이 들어 금세 깊은 시름에 빠지게 된다.

자존감과 자기감

자존감(self-esteem)은 자신의 중요성과 가치에 대한 나 스스로의 평가를 뜻한다. 만약 다른 사람들이 나에게 관심을 보이고 존중해 주고 인정해 준다면 자존감이 높을 것이다. 다른 사람들이 나를 알아봐 주고 가치 있게 여겨 주고 좋아해 주는 긍정적인 경험들이 차츰 쌓이면 자존감이 높아진다.

자기감(sense of self)은 말 그대로 자기가 스스로를 어떻게 느끼는지를 뜻한다. 우리는 세상에 태어난 바로 그 순간부터 본능적으로 자기와 눈을 맞춰 줄 다른 사람을 찾는다. 우리는 다른 사람들의 반응을 미러링하면서 나 자신을 발견한다. 특히 그들이 우리를 어떤 시선으로 바라보는지에 비추어 스스로를 인식한다. 이런 과정을 통해 내면에 어떤 감정이 존재하는지를 알게 되고 그런 감정을 느껴도 괜찮다는 것을 확실히 깨닫게 된다. 자기감은 이런 과정을 거치면서 발달하게 된다.

자존감은 자신에 대한 평가이며 자기감은 자신에 대한 느낌이다. 둘 다 한 인간으로서 내가 어떤 존재인지와 관련이 있다. 이는 자신의 능력에 대한 신뢰를 나타내는 자신감(self-confidence)과는 다르다. 설령 반에서 1등을 하고 자신감이 넘친다 하더라도 내가 어떤 사람이며 한 인간으로서 나의 가치는 무엇인지에 대한 깊이 있는 이해가 부족할 수도 있다. 자신감은 스스로 세상에서 잘해 낼 수 있다는 경험을 통해 자라난다.

자신감이 있다고 해서 수치심이라는 감정에서 자유로운 것은 아니다. 내가 삶에서 어떤 성취를 이뤄 낼 수 있는지에 대해서는 자신감이 충만하더라도 내가 사랑 받을 만한 가치가 있다는 믿음은 매우 약할 수도 있다. 반면에 자존감과 자기감이 굳건하다면 수치심 때문에 그토록 쉽게, 심하게 흔들리지는 않을 것이다. 자존감과 자기감은 타인이 나를 사랑으로 대할 때 자라난다.

수치심이 들게 하는 상황에 대한 반응이 얼마나 강렬하고 오래 지속되는지는 자존감과 자기감이 얼마나 강한지에 달려 있다. 자존감과 자기감은 타인과의 긍정적인 상호작용을 통해 성장한다. 특히 어린 시절에 자신을 돌봐 주었던 사람들과의 관계가 가장 중요하다.

누군가 나를 온전히 볼 수 있 경험

눈 맞춤을 하면 기분이 좋아지고 마음이 평온해진다. 어떤 사람들의 눈빛은 솔직하고 차분해서 마음을 나누고 미러링하기에 적합하다. 누군가가 나를 온전히 봐 준 경험은 강렬한 것이자, 삶을 긍정적으로 받아들일 수 있게 해 준다. 상대방이 열린 마음으로 경계심 없이 나를 대할 때, 다시 말해서 내가 그 사람의 마음에 들어가고 그 안에 머물 수 있도록 허락하는 반응을 보일 때 그런 감정이 일어난다. 상대방과 마음이 잘 통한다는 기분, 상대방의 눈빛, 목소리 톤, 어휘 선택 및 보디 랭귀지를 통해 우리는 자기 스스로를 인식하게 된다. 때로는 그런 감정을 몸으로 느낄 수도 있다. 그 사람의 눈길이 나에게 와닿는 것 같고 마치 어린아이가 된 것처럼 사랑이 넘치는 품에 안긴 듯한 기분이 들 수도 있다. 이런 경험은 두 사람 모두에게 와닿기도 한다. 나의 어떤 부분을 누군가 온전히 봐주고 알아주는 그 순간에 우리는 새롭게 태어나는 듯한 기분이 든다. 내가 전달하는 것과 상대방이 되돌려 주는 것 모두

말없이 행동으로만 이루어질 수도 있다.

자기 자신과 잘 지내고 충분한 시간과 여력이 있는 부모는 아이들에게 삶을 긍정적으로 바라볼 수 있게 할 바람직한 경험들을 제공해 준다. 그러기 위해서 부모는 먼저 자연스럽게 아이의 표정, 목소리, 몸의 자세와 호흡을 주의 깊게 지켜볼 것이다. 그러면 어느새 부모와 아이들은 같은 파장을 느끼는 것처럼 마음이 잘 통하게 되고, 아이들은 부모의 반응에 비추어 자기 자신을 인식하게 된다. 이런 과정은 아이들 스스로 자기가 어떤 사람인지 느끼고 깨닫는 데 중요한 역할을 한다. 아이들은 그 안에서 안정적인 자기감과 단단한 자존감을 키울 수 있다.

왜곡된 미러링

그런데 아이를 제대로 이해하고 미러링하지 못하는 부모도 있다. 아직 해결하지 못한 트라우마가 남아서 감정적인 스트레스에 시달리거나 그들 자신이 과거에 제대로 된 미러링을 받지 못해 스스로를 돌보고 치유하는 데 감정적인 에너지를 모두 소진해 버리는 경우가 그렇다.

아이가 눈을 맞추고 자기 자신을 분명하게 파악하고자 할 때 부모가 사랑이 넘치는 태도로 반응하지 못하면 아이는 부모한테서 낯선 눈빛을 보게 되고 마음이 혼란스럽고 불편해진다.

최악의 경우 양육자와 아이의 역할이 서로 뒤바뀌기도 한다. 그러면 오히려 아이가 부모의 파장에 자신을 맞추고 부모에게 긍정적인 미러링을 제공하려고 애쓰게 된다. 부모를 진정시키고 달래려는 것이다. 부모가 아이를 이해하고 미러링하지 못하면 아이가 부모에게 자신을 맞추는 수밖에 없다. 다시 말해 부모에게 좋은 거울이 되어 주려 하는 것이다. 그러기 위해 아이는 어른이 편안해하는 쪽으로 행동하려고 노력하게 된다. 어른이 무능한 기분이 들거나 불안해하지 않도록 아이는 어떤 상황에서도 아무렇지 않은 표정을 지으려 애쓸 것이다. 그런 상황이 반복되면 아이는 자신에 대해서 분명히 이해하지 못한 채 자존감만 낮아지게 된다. 아마도 자신이 비현실적인 듯한 느낌이 들 것이다.

아이의 파장과 마음을 전혀 이해하지 못하는 부모는 별로 없다. 하지만 대부분의 부모가 어떤 부분에 있어서는 그렇게 하는 데 어려움을 겪는다. 부모 자신이 어려워하는 상황이거나 아이가 부정적인 감정을 드러내는 상황에서 부모 스스로 확신이 없을 때가 특히 그렇다.

> 아기가 울면 내가 뭔가 잘못한 건 아닌지, 혹시 나쁜 엄마인 건 아닌지 걱정됐어요. 그런 상황은 정말 감당하기 힘들었죠. 애써 재미있는 일을 만들어서 아기를 웃게 하려고 정신 없이 뛰어다녔어요.
>
> 마리, 56세

마리는 아이를 바라보면서 자기 자신의 어떤 면을 깨닫게 되었다. 실제로 미러링의 역할 전환이 일어난 것이다. 아이를 지켜보고 이해하는 데 집중하고 그 과정에서 아이의 감정적인 경험을 받아들이고 인정해 주는 대신, 마리는 자기가 좋은 엄마인지 아닌지에 대한 생각에 사로잡혔다. 한편 마리의 아이는 미러링을 전혀 받지 못했고, 엄마의 반응을 통해 자신을 인지할 수 없었다. 엄마한테서 "속상해 보이는구나. 그래도 괜찮아."라는 말을 들을 수 없던 것이다. 마리는 아이의 감정이나 기분을 자신의 표정이나 목소리 톤, 또는 보디 랭귀지를 통해서 미러링해 주지 않았다. 이로 인해 아이는 나중에 속상한 일이 생겼을 때 활용할 수 있는 자기감을 키울 기회를 잃었다. 속상해하던 아이에게 미러링된 것은 "너는 존재하지 않아."라는 메시지였다. 비존재함(nonexistence)은 수치심을 경험하는 데 있어 가장 핵심적인 부분이다.

마리는 나쁜 엄마가 아니다. 다만 자신도 제대로 된 미러링을 받지 못했고 그녀 내면의 무의식이 미러링을 너무나도 원했기 때문에 아이한테 적절한 행동을 하지 못한 것이다. 어쩌면 마리는 엄마가 아이의 감정을 주의 깊게 살피고 아이의 파장에 맞춰 반응해 주는 것이 아이에게 얼마나 중요한지를 잘 몰랐던 것일 수도 있다. 아니면 알고는 있지만 어떻게 하는 것이 효과적인지 마땅한 방법을 찾지 못했을 수도 있다. 또는 자신이 집중적인 관심을 받고 '재미있는 엄마'가 되고 싶은 강렬한 감정과 내면의 욕구를 억누르지 못해서 그랬을 수도 있다. 아이의 웃음을 통해 자신이 인정받고 싶었던 것이다. 어떨 때는 아이가 겪고 있는 문제를 해결하기 위해 애쓰고 조언해 주는 '현명한 엄마' 역할을 할 수도 있다. 하지만 잠재의식을 들여다보면 그저 '유능한 엄마'로 인정받고 싶은 마음이 존재하고 있는지도 모른다. 어찌 됐건 결과는 같다. 아이는 미러링을 받지 못하고, 그 때문에 자신이 어떤 존재인지를 깨달을 기회를 누리지 못한다는 것.

한편 아이의 긍정적인 감정을 감당하기 어려워하는 경우도 있다.

> 아이가 무릎 위로 기어 올라와서 나를 안아 주려고 하면 왠지 못 견디겠어요. 아이가 바라는 것을 내가 줄 수 없는 것만 같은 기분이 들어요. 차라리 혼자 생각에 잠겨서 걸을 때, 이런저런 일들을 처리할 때가 기분이 좋아요. 그런 일은 잘해 낼 수 있거든요.
>
> 카리나, 33세

카리나의 딸은 사랑을 원하고 스킨십을 바라지만 카리나가 이를 미러링하지 못해 자기감을 키우지 못했다. 엄마가 자신의 파장에 맞춰 미러링을 제공하지 않으면 아이는 엄마가 자신의 감정을 무시하고, 자신과의 친밀한 접촉을 곤란해한다고 느낄 수밖에 없다. 이럴 경우 두 사람 사이에는 진정한 교류가 없는 셈이 된다.

그럴 때 아이 내면의 센서는 이렇게 외친다. "잘못됐어!" 다만 엄마한테 뭔가 문제가 있다고 생각하면 너무나 두려워지기 때문에 아이는 '나에게' 문제가 있다고 생각하게 된다. 그래서 내가 사랑과 관심을 원하는 것이 문제라는 생각에 빠지기 쉽다. 그러면 이 아이는 소극적이고 내성적인 사람으로 자라게 된다. 다른 사람에게 사랑을 느껴 다가가고 싶은 마음이 들면 금세 수치심이 들고 마음이 불편해진다.

아이의 분노 또한 무시 당하거나 부정적으로 미러링될 수 있다.

> 아이가 화를 내면 내가 애초에 정해 둔 한도가 합당한 건지 아니면 내가 너무 엄격하게 구는 건지 정말 잘 모르겠어요. 막무가내인 아이한테 왜 그러면 안 되는지를 설명하느라 진이 다 빠지고 나도 아이도 마음이 답답해져요. 아이가 도통 내 말을 알아듣는 것 같지도 않고요.
>
> 카롤리네, 24세

아들이 분노를 표현하면 카롤리네는 자기 자신에 대한 걱정에 사로잡힌다. 카롤리네는 나쁜 엄마가 아니라 불안정한 엄마다. 그녀는 있는 그대로의 자기 모습을 보여 줄 수 있을 만큼 충분한 지지와 도움을 받지 못했다. 카롤리네의 아들은 엄마가 자기를 바라봐 주고 지금 그런 감정을 느껴도 괜찮다고, 그래도 엄마는 너를 사랑한다고 안심시켜 주기를 바란다. 아들에게 지금 필요한 것은 엄마의 말이 아니라 사랑이 담긴 눈빛이다. "지금처럼 화난 모습이라도 너는 사랑스러운 아이야."라고 말해 주는 듯한 그런 표정 말이다.

만약 이 아이가 특정한 감정을 느낄 때만 엄마가 애정 어린 미러링을 제공한다면 아이의 자기감은 조각 몇 개가 부족한 직소 퍼즐과도 같을 것이다. 또한 다른 조각들도 서로 긴밀하게 연결되지 못할 것이다. 그리고 아이의 자기 인식(self-perception)은 파편화되고 완전성이 결여될 것이다. 행복할 때는 내가 사랑 받을 만한 가치가 있다고 느끼지만 화가 날 때는 자신에 대한 믿음이 산산이 부서질 것이다. 그런 아이의 자기감은 언제 사라질지 모르는 위험에 처한 상태와 같다.

어른과 비교할 때 아이는 모든 일을 더욱 강렬하게 경험한다. 어른과의 친밀한 애착 관계에 전적으로 의존하고, 아직 자기감이 확립되지 않은 어린아이들은 이런 상황이 어른에 비해 100배는 더 무섭고 두렵다. 어떤 거울 앞에 서면 그 안에 비친 내 모습이 완전히 괴물처럼 변한다고 생각해 보라. 아니면 완벽하게 아름다운 얼굴을 비춰 주어서 왠지 나 같지 않고 마음에 와닿지 않는다고 해 보자. 아이들은 그런 거울을 내던져 버리는 대신 자기 자신을 던져 버리게 되고 결국 비존재함이라는 감정만 남게 될 것이다. 아무도 나를 제대로 보아 준 적이 없다면 내가 실제로 존재하는지조차 알 수 없게 된다. 무시당하거나 부정확한 미러링을 받은 아이들은 너무나 고통스럽기 때문에 그 마음을 재빨리 억누르려 한다.

물론 누구나 어린 시절에 거절당하거나 무시당하거나 부적절한 미러링을 받은 경험이 있다. 영국의 심리분석학자인 피터 포나기(Peter Fonagy)가 2006년에 발표한 저서에 따르면 아무리 훌륭한 부모라도 아이를 대할 때 절반은 착각을 하기 때문에 정확한 미러링만 할 수는 없다. 누군가가 자신을 봐 주고 공감해 주고 같은 파장을 느꼈던 경험을 어린 시절의 3분의 1 정도만 갖고 있어도 자기가 어떤 사람인지 알 수 있는 훌륭한 기반을 지녔다고 할 수 있다.

수위 깊은 미러링

나는 어릴 때 수학을 잘했고 수학 능력에 대해 긍정적인 미러링을 받았다. 학교 선생님들과 부모님 모두 내가 영리한 아이라고 생각했다. 그래서 지금도 나는 내가 영리하다고 생각하고 그렇게 믿는다. 때때로 사람들이 나를 미러링할 때 다른 메시지를 보낸다 하더라도 말이다.

일전에 오르후스의 필름시티에 있는 내 사무실에서 점심 식사를 하던 중에 이런 일을 겪은 적이 있다. 그 자리에는 저널리스트들과 상당한 지식을 갖춘 똑똑한 사람들이 모여 있었다. 나는 TV를 거의 안 보고 세상사를 일일이 따라가지 않으며 그저 세상이 어떻게 돌아가는지만 대강 파악하는 편이다. 그때 그들은 어떤 영화에 관해서 이야기를 나누고 있었는데 그 자리에 있던 저널리스트들 중 한 명이 영화 감독이라는 것을 알고 있던 나는 그에게 혹시 그 영화를 연출했는지 물어보았다. 그런데 갑자기 좌중이 쥐 죽은 듯 조용해졌고 사람들이 민망해하는 듯 보였다. 그때 그 저널리스트가 그 영화의 감독이 누구인지 나에게 알려 주었다. 대다수의 사람들이 그 영화를 알고 있는 게 분명했다. 나만 몰랐던 것이다. 수치심을 느낀 나는 잠시 가만히 책상을 응시했지만 그런 마음의 불편함은 사소했고 오래가지 않았다. 비록 다른 사람들이 어리석게 여길 만한 질문을 하긴 했지만 나는 내가 지적인 사람이라는 사실을 알고 있기 때문이다.

내적 지지는 바로 이렇게 작동한다.

내적 지지는 삶에서 가장 중요한 사람들을 통해 형성된다. 사랑이 넘치는 부모님 슬하에서 자란 사람은 어려운 상황에 처했을 때 여전히 엄마나 아빠한테서 "너는 해낼 수 있어."라는 말을 듣는다. 또는 학교에서 훌륭한 선생님이 긍정적인 눈길로 지켜봐 주었다면 자신에게 지지가 필요할 때 내면의 무대 위에 그 사람을 불러낼 수 있다.

우리가 어떤 사람인지를 알려 준 사람들은 어떤 의미에서는 여전히 우리 안에 살아 숨 쉬고 있다. 그들은 때때로 마음속에 나타나서 우리를 지지해 주기도 하고 비난하기도 한다. 우리가 지닌 모습 중에서 어떤 면은 긍정적인 내적 지지를 받고 세상에 표현할 수 있지만, 또 다른 면(감정 또는 욕구)은 아무도 봐 주거나 인정해 준 적이 없을 수도 있다. 따라서 우리는 자신의 그런 면에 뭔가 문제가 있다는 기분이 드는 것이다.

미러링의 부재

앞서 내가 지적인 사람이라는 것을 확신한다고 하긴 했지만 왠지 마음이 불안해지기 시작했다. 나는 나에게 스포트라

이트를 비출 만한 내적 지지가 부족하다. 그래서 나중에 지울 수 있다고 끊임없이 스스로를 안심시키지 않으면 글도 쓸 수가 없다.

어린 시절 나의 부모님은 자식들이 스스로를 칭찬하는 행동은 옳지 않은 일이라고 생각했다. 아버지는 내가 스스로를 특별한 사람이라고 여기면 주변 사람들이 싫어하고 떠나갈까 봐 걱정했던 것 같다. 나 자신이 꽤 마음에 드는 순간이면 나를 보며 못마땅해하던 아버지의 표정이 지금도 선명하게 떠오른다.

이처럼 어린 시절 특정한 감정이나 욕구에 대해 항상 무시당했거나 잘못된 방식으로 미러링을 받은 경험을 가진 사람들도 있다.

어린 시절 내가 속상해하고 힘들어할 때 아빠는 마치 낯선 사람을 대하듯이 나를 쳐다봤어요. "너는 스스로 안쓰럽다고 생각할 자격이 없어." "제발 난리법석 좀 떨지 마라!" 나한테 그렇게 이야기하곤 했죠.

게르다, 52세

게르다는 성인이 된 후에도 친밀한 관계를 맺는 데 어려움을 겪고 있다. 어떤 사람과 정서적으로 친밀하게 지내는 것이 그녀에게는 상당히 지치고 피곤한 일이다. 기분이 안 좋을 때면 차라리 혼자 있고 싶다. 만약 무방비 상태에서 누군가에게 자신이 불행을 느끼는 순간을 들키면 마음이 심하게 불안해지고 사람들이 자기를 얕보거나 버리고 떠날까 봐 두렵다.

지금 당장 어떤 면에 있어서 내적 지지가 부족하더라도 살다 보면 나중에 지지를 얻게 되는 경우도 있다. 자신을 온전히 봐 주고 표정과 목소리 톤, 보디 랭귀지를 통해서 그동안 소홀히 여겨졌던 면을 미러링해 줄 사람을 만날 수도 있기 때문이다. 세심하고 포용적인 태도를 지닌 그 사람은 당신의 성격 중 그 부분이 꽤 멋지다는 것, 적어도 그럭저럭 괜찮다는 것을 알려 줄 것이다.

누군가가 온전히 봐 주지 않은 부분들에는 자기감의 공백이 존재한다. 그리고 이런 것들이 모여 만성적인 수치심의 토대를 형성한다. 만성적인 수치심은 내가 사랑 받을 만한 가치가 없거나 뭔가 문제가 있다는 느낌을 항상 들게 한다.

☐ 어린 시절 나는 어떤 형태의 미러링을 받았는지 생각해 보자. 나는 어떤 면에서 긍정적인 미러링을 받았을까? 그동안은 모른 척 해 왔지만 관심과 사랑이 필요한 다른 면은 없을까?

Summary

높은 자존감과 건강한 자기감을 얻으려면 다른 누군가의 표정과 반응을 통해 미러링을 받아야 한다. 어린 시절 양육자에게 나의 모습을 드러냈을 때 왜곡된 반응이 돌아오거나 완전히 무시당한 경험을 자주 겪게 되면 수치심을 느끼거나 나한테 뭔가 문제가 있다는 생각을 갖게 될 수 있다. 또한 그런 사람은 자신에 대해 잘 모르는 면이 많을 수밖에 없다. 따라서 행복이나 분노 등 어린 시절에 누군가가 온전히 봐 주지 않은 감정들에 대해 반응해야 할 상황이 오면 불안을 느끼는 것이다. 그럴 때 그들은 비현실적인 기분이 들거나 막연히 모든 것이 잘못됐다는 생각에 빠지게 된다.

3장

내 마음속
구멍에 자리한
수치심

지금껏 한 번도 제대로 된 미러링을 받아 본 적 없는 부분을 드러내야만 하는 상황을 마주하게 되면 어색하고, 수줍고, 불안해질 것이다. 예를 들어, 어린 시절 화가 났을 때 적절한 지지를 받지 못한 사람은 현재 새치기를 당했을 때 생각과 감정이 잠시 정지해 버릴 수 있다. 슬펐을 때 지지를 받지 못한 사람은 기다리던 출장이 취소됐다는 소식을 동료들 앞에서 들게 되었을 때 그냥 사라져 버리고 싶은 기분이 들고 속상한 마음을 최대한 숨기려고 애쓸지도 모른다. 또한 확신이 없는 상황일 때 지지를 받아 본 적 없는 사람은 새로운 과제를 받았을 때 어떻게 다뤄야 할지 몰라 막막한 기분이 들 수 있다.

자신의 모습 중 내적 지지가 부족한 부분을 드러내야 하는 상황에 처하면 마음이 불안해지고, 그 상황이 비현실적으로 느껴지며, 폄하당하거나 버려질지도 모른다는 두려움이 생각을 지배하게 된다. 그렇게 자기 안의 경계를 넘어서서 내적 지지가 부족한 부분, 즉 자기감 속 구멍에 다다르거나 빠질 상황에 처하면 내면의 센서가 경보를 울린다. 이 센서는 당신 주변에 거절이나 추방의 위험이 있는지를 항상 감시하며 당신의 삶이 위험에 처해 있다고 판단될 때 수치심을 불러일으킴으로써 당신이 그 상황으로부터 한 걸음 물러서서 몸을 숨길 곳을 찾을 수 있도록 한다.

자신의 모습 중 미러링이 잘된 온전한 부분을 드러낼 때는 아무 문제가 없다. 이때는 마치 단단한 땅 위를 두 발로 딛고 있는 듯 안정감을 느낀다. 예를 들어, 어린 시절 행복을 느끼는 상황에서 대체로 건강하고 긍정적인 미러링을 받았다고 가정해 보자. 그러면 내가 행복하고 가치 있는 사람이라고 굳게 믿게 된다. 또한 행복을 느낄 때의 나의 모습이 마음에 들고 사회적 상황에서도 여유를 느낄 수 있다. 반면 자신에 대해 확신이 없거나 불안한 상황에서 무시당하거나 부정적인 반응을 경험한 사람은 불안한 마음이 수치심으로 이어지는 것이다.

아이는 자신과 가장 가까이에 있는 양육자가 지금 불안한 상태이기 때문에 자기에게 차갑고 쌀쌀맞게 대하고 있다고 생각하기 어렵다. 대신 양육자의 그런 행동은 나에게 뭔가 문제가 있기 때문이라고 생각하게 된다. 이 아이가 자라서 어른이 되면 스스로에게 확신이 들지 않을 때 수치심을 느끼게 되는 것이다. 수치심은 아무것도 없는 허공 위에 발을 내딛는 기분, 또는 빙판처럼 미끄러운 바닥 위를 걷는 기분과 같다. 미끄러운 바닥 위를 걸으면 틀림없이 넘어져 버릴 것이다. 수치심을 느낄 때 내면의 심판관은 우리에게 이렇게 외친다. "넌 틀렸어!" 하지만 우리는 이걸 어렸을 때의 실수 때문이라고 생각하지 못한다. 그 대신 또다시 '나에게 뭔가 문제가 있어.'라고 생각하게 된다.

수치심은 번개처럼 갑자기 나타나고, 당신은 얼굴을 감싸 쥐고 숨고 싶어질지 모른다. 자신의 표정을 제어할 수 없는 것만 같은 기분도 들 것이다. 마치 당신 내면의 삶과 얼굴 사이의 긴밀한 관계가 깨져 버린 느낌, 당신의 표정이 가닿아야 할 곳이 내면에 존재하지 않는 느낌 말이다. 이는 지금껏 그런 부분을 제대로 봐 주고 미러링해 준 사람이 없었기 때문이다. 그렇게 자기감에 빈자리가 생기고, 그곳에 비존재함이 머물게 된 것이다.

홀로 캄캄한 허공에 떠 있는 기분

지금껏 아무하고도 진정으로 교감을 나눈 적이 없어서 자기 스스로도 낯설게 느껴지는 부분에 대해 누군가 미러링해 주었다면 당장은 수치심과 공포가 느껴질 수도 있다. 뭔가 잃어버린 게 있는 듯한 기분이 들기 때문이다. 공허함이 나를 삼켜 버릴 것 같아 무섭고 허공으로 사라져 버릴까 두려워진다.

숨고 싶은 기분이 들겠지만 그렇게 하는 대신에 자신의 그런 비참한 심경을 타인에게 털어놓아 보자. 그렇게 거대하고 악한 유령처럼 보여 두려워했던 것이 사실은 별것 아닐지도 모른다. 캄캄한 한밤중에 침대에 누워 있는데 어딘가에서 이상한 소리가 들려 화들짝 놀라 불을 켰더니 창문에 나방 한 마리가 붙어 있는 상황처럼 말이다. 진짜 아무것도 아니고 그 건 나에게 해를 끼칠 수도 없는 것이다.

한때는 살고 싶다는 생각조차 들지 않았어요. 죽으면 그런 괴로움에서 벗어날 수 있을 거라고 생각했죠. 이런 이야기를 아무한테나 털어놓기는 힘들어요. 왠지 그런 말을 꺼내면 다 들 경직된 반응을 보일 거고 그러면 내가 아무것도 아닌 사 람이 될 것만 같았어요.

하지만 나는 마음이 나아지기를 간절히 바랐어요. 그래서 너 무나도 두려웠지만 어느 날 자기 계발 모임에서 용기를 내 이 이야기를 꺼냈죠. 그 모임을 주관하는 사람은 내가 상상했던 것만큼 놀라거나 심한 충격을 받지는 않았어요. 그저 이렇게 말했죠. "그러니까 당신은 가끔씩 죽음이 자신의 고통을 덜 어 줄 거라고 생각하는 사람이군요."

그 말을 듣고 나는 소스라치게 놀랐어요. 정말 그럴 수 있을 까? 그럴 수 있지. 갑자기 그런 기분이 들었어요. 나는 아무것 도 아닌 사람이 아니라 때때로 죽음을 친구처럼 여기는 사람 이었던 거예요. 그 사람의 표정을 통해 미러링을 받았을 때 그리 나쁘지 않았어요. 나는 내가 가끔 그런 생각을 한다는 걸 인정하고 받아들이게 됐고, 그러고 나니 좀 더 온전해진 듯한 기분이 들었어요.

주자네, 42세

그 뒤로 주자네의 내면에 있는 빈자리들 중 한 곳에 튼튼한 바닥이 생겼고 그런 생각이 들 때도 예전만큼 놀랍거나 두렵지 않았다. 오히려 죽음에 대한 생각이 실제로는 변화와 충만한 삶에 대한 갈망이라는 사실을 깨달았고 그런 방향을 향해 첫걸음을 내디딜 수 있었다.

수치심을 다룰 때 가장 중요한 건 반드시 그 위에 빛을 비춰 주어야 한다는 것이다. 따뜻한 공감의 눈길을 통해 그 빛이 전해져야만 우리가 가장 두려워하는 자신의 모습에 다가가더라도 의식 안의 빈자리가 우리를 삼켜 버리지 않는다.

자기감 속 채워지지 못한 빈자리들

우리는 모두 크건 작건 간에 자기감에 빈자리를 갖고 있다. 빈자리가 크고 많을수록 다른 사람들 앞에서 여유 있고 편안하고 자연스럽게 행동하기가 어려워진다.

다음 그림에서 비어 있는 부분은 소피의 자기감에 존재하는 빈자리들이다. 혼자 취미 생활에 열중할 때나 가장 친한 친구에게 자기가 좋아하는 일에 관해 이야기할 때, 즉 빈자리 바깥쪽에 관심을 집중할 때 소피는 굳건한 안정감을 느낀다.

소피의 부모는 소피의 파장에 맞춰 주고 애정 어린 관심과 건강한 미러링을 제공하는 데 그다지 성공하지 못했다. 그래서 소피의 자기감에 이토록 많은 빈자리들이 생겨난 것이다. 기본적으로 소피는 자신에게 뭔가 문제가 있다고 느끼며 아주 사소한 일에도 수치심을 느낀다.

> 금요일 저녁에 다 같이 바에 다녀오고 나면 좀처럼 편히 쉴 수가 없어요. 머릿속으로 내가 했던 모든 말을 다시 곱씹어 보곤 해요. 그러다 보면 부끄러운 일이 떠오르고 그런 말을 하지 말걸 하며 후회를 하죠. 다른 사람들이 나를 어떻게 생각할까…… 최악의 상황을 상상하다 보면 수치심 때문에 점점 더 위축되고 움츠러들게 돼요. 그럴 때는 상상력이 너무 풍부해서 탈이에요. 긍정적인 일은 생각이 잘 안 나요.
>
> 소피, 22세

이런 극심한 불안은 일상생활에도 상당한 부담으로 작용한다. 사람들을 자연스럽게 대하지 못하고 삶의 질도 떨어진다.

이레네 역시 단단하지 않은 바닥 위에 서 있는 사람이다. 그녀의 말을 들어 보자.

> 나는 모든 일을 정말 완벽히 잘해 내야만 해요. 그러지 못하면 나 자신이 싫어지거든요.
>
> 이레네, 32세

아마도 이레네는 어린 시절에 어떤 일을 정말 잘해 냈을 때에만 긍정적인 상호작용과 미러링을 받았을 것이다. 그렇지 못 했을 때 그녀를 도와주고 지지해 준 사람이 아무도 없었을지도 모른다.

마음을 디딜 수 있는 단단한 바닥

이레네는 때때로 외줄타기를 하는 것 같은 기분이 든다. 감춰야 하는 빈자리가 여러 개 있고 두 발을 딛고 설 만한 단단한 바닥이 거의 없기 때문에 다른 사람들과 함께 있는 것이 그녀에게는 매우 지치고 피곤한 일이다. 자기가 왜 그렇게 빨리 지치는지를 이레네 자신은 잘 모를 수 있지만, 빈자리 외의 부분이 상대적으로 적기 때문에 다른 사람들과 함께 마음 놓고 어울리며 활기차게 즐거운 시간을 보내기가 어려운 것이다.

이레네처럼 자기감에 빈자리가 많은 사람은 아주 사소한 일에도 수치심을 느끼거나 부끄러워하게 된다. 이제는 그런 빈자리를 바로잡아야 할 때다. 빈자리 하나하나를 자기 인식(self-awareness)과 내적 자유로 채워 넣어야만 다른 사람들과 함께 있을 때도 편안하고 자연스럽게 행동할 수 있다. 어떻게 하면 이런 빈자리를 줄일 수 있는지에 대해서는 2부에서 다룰 것이다.

☐ 수치심이나 부끄러움을 느꼈던 상황을 떠올려 보자. 나의 자기
감은 어떤 모습인지 그려 보자. 자기감에 빈자리를 그려 넣고 어
떤 부분에 내적 지지가 부족한지를 적어 보자.

예) 실수를 저질렀을 때 / 어떤 것에 관해서 흥분해서 열변을 토할 때

Summary

그동안 아무도 애정 어린 눈길로 봐 준 적이 없는, 스스로도 낯설고 익숙하지 않은 부분을 드러내야만 하는 상황에 처하면 마음이 불편해지고 자신에 대한 확신이 없어진다. 긍정적인 미러링을 받은 부분과는 확실히 다르다. 긍정적인 미러링을 받은 부분이 드러날 때는 발 아래 단단한 바닥이 있는 것처럼 평온하고 자신감 있는 기분이 든다. 자기감에 빈자리가 여러 개 있는 사람은 그런 빈자리를 되도록 피해 다니느라, 그렇게 해서라도 다른 사람들 앞에서 아무렇지 않은 척하느라 상당한 에너지를 소모하고 있을 것이다.

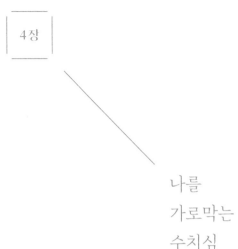

4장

나를
가로막는
수치심

수치심이라는 감정을 두려워하면 내가 원하는 일이 아니라 남들이 나에게 기대하는 일을 하게 된다. 남들이 뭐라고 할지 겁이 나서 자기가 좋아하는 일을 차마 하지 못한 적이 누구나 있을 것이다.

　　남편은 정말 사교적인 사람이에요. 주말마다 시내에 나가거나 손님들을 초대하고 싶어하죠. 나는 사람들과 부대끼지 않고 조용히 주말을 보내고 싶지만, 남편이 원하는 그런 사교적인 모임을 전부 거절하긴 어려워요. 성격이 정말 외향적인 친구가 나한테 "왜 그래? 어디 아파?" 이런 말을 하는 게 벌써 귓가에 들리는 것만 같아요. 사람들이 내가 이상하다고 생각하는 게 정말 싫어요.

소냐, 38세

때로는 다른 사람들이 이상한 표정으로 쳐다보거나 수치심이 드는 말을 할까 봐 두려워서 자신의 어떤 모습을 억제하려 할 수도 있다. 만성적인 수치심이 심할수록 누군가 나를 못마땅해하며 인상을 찌푸리는 모습에 더욱 강경한 반응을 보이게 된다. 남들이 어떻게 생각할지가 두려워서 전전긍긍하는 사이에 자기 계발을 할 수 있는 순간들을 놓치고 우리가 진정으로 원하는 일을 하지 못하게 될지도 모른다.

일에 관해서라면 자신 있어요. 내가 맡은 일을 잘 알고 있고 해결해야 할 기술적인 문제가 발생하면 누구보다 앞장서서 해결하죠. 하지만 점심시간이 되면 구내 식당에서는 그냥 입

다물고 조용히 있어요. 다른 사람들의 입에 오르내리는 화제에 대해 의견이 없어서가 아니에요. 나도 뭔가 말하려고 해 봤지만 망설이게 돼요. 내 견해가 부끄러워질까 봐 걱정돼요. 나만 빼고 다들 다르게 생각할까 봐 두려워요.

카스페르, 44세

자신의 의견을 표현하기 위해서는 용기가 필요하다. 다른 사람들이 도와주지 않더라도 스스로 자신의 견해를 뒷받침할 수 있어야만 한다. 자신의 생각에 대해 누군가 함께 뒷받침해 주고 도와준 경험이 있어야만 설령 모든 사람들이 반대 의견을 내는 상황이라도 스스로를 지지하고 옹호하는 법을 배울 수 있다. 만약 부모가 당신을 알아봐 주고 지지해 주지 못했다면 당신은 내적 지지가 부족할 것이다. 이제는 스스로 그 내적 지지를 쌓아야 한다.

타인과의 관계를 가로막는 수치심

대화의 기본은 간단하다. 누군가 어떤 말을 하면 상대방이 그 말을 듣고 반응하는 것이다. "네가 그런 말을 하니까 나는

~라는 느낌이 드네." 또는 "네가 그런 기분이라고 하니 나는 ~라는 생각이 들어." 처음 말을 꺼낸 사람은 상대방의 반응을 고려해서 대답한다. 복잡하고 어려울 게 전혀 없다. 자연스럽게 흘러가는 대화를 주고받는 일은 즐겁다.

깊이 있고 내밀한 대화는 두 사람 모두 용기를 내서 자기 자신을 직시해야만 가능하다. 만약 이런 대화가 어렵게 느껴진다면 그건 아마도 수치심과 관련이 있을 것이다. 당신 또는 대화 상대가 가까이하기 두려워하는 문제가 있어서일지도 모른다. 둘 중 하나 또는 두 사람 모두가 내적 지지에 빈자리가 있다는 것을 감지해서 대화가 수치심으로 가득한 부분으로 향하게 되면 갑자기 의사소통이 경직되고 모든 면에서 어색하고 잘못된 것처럼 느껴진다.

만약 어떤 분야에서 나의 무능함이 수치스럽게 여겨지면 대화할 때 그런 주제를 피하려고 애쓰게 된다. 상대방에게 굳이 알리고 싶지 않은 감정이 주제가 되었을 때도 마찬가지다.

가장 친한 동료가 나를 어떻게 생각하는지가 상당히 중요해요. 그 사람이 나를 무시하고 있다는 생각이 들면 마음이 불편하고 답답해져요. 부끄러운 기분이 들거든요. 그래서 잠시

자리를 피해 화장실에 다녀와요. 마음을 추스른 후에 다시
웃는 얼굴로 나타날 수 있도록요.

마리, 32세

다음 그림은 두 사람이 각자 수치심을 느끼는 부분을 나타
낸다. 서로 어떤 부분에서 수치심을 느끼는지 대강 알고 있고
그런 부분을 피할 수 있다면 편안하고 여유롭게 대화를 나눌
수 있다. 이런 경우에는 대화가 자연스럽게 흘러간다.

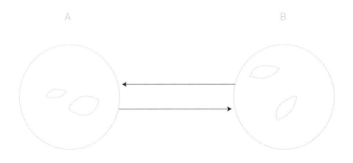

만약 당신의 만성적인 수치심이 심각한 수준이라면 상황
은 좀 더 어려워진다. 수치심 때문에 자신의 생각과 감정을
자유롭게 표현할 수 없기 때문이다.

알리나는 자기감에 상당히 큰 빈자리가 여러 개 있다. 성장하는 동안 가정에서 별로 지지를 받지 못했기 때문에 다른 사람들과 함께 있을 때 갑자기 부끄러워지거나 마음이 불편해지는 경우가 많다. 알리나는 자신이 어떤 부분에서 수치심을 느끼는지 잘 알고 있다. 얼굴이 빨개지는 것, 기름진 머릿결, 실수를 저질렀을 때 등등이다. 하지만 알리나 자신조차 잘 알지 못하는 빈자리들도 있다. 종종 그녀는 자신에게 뭔가 근본적인 문제가 있다는 기분이 들고, 자기가 사랑 받을 만한 사람인지에 대해 확신이 없고 불안해진다.

알리나는 얼굴이 빨개지거나 대답을 얼버무리게 되는 주제들을 겁낼 뿐 아니라 스스로 잘 알지 못하는 부분도 두려워한다. 그녀는 '허공으로 사라져 버릴 것만 같은' 기분, '무너져 버릴 것만 같은' 기분이 들까 봐 두렵고, 무슨 말을 해야 할지 모르는 상황이 겁난다.

알리나는 사람들과의 대화에 참여하는 것이 부담스럽다. 생각나는 대로 편하게 말하는 것이 어려워서 그런 상황에서 늘 주저하고 피하게 된다. 상대방이 자신의 말을 오해하거나 못마땅한 듯한 반응을 보일까 봐 두렵기 때문이다. 단단한 바닥에 발을 딛고 서 있지 못해 얼굴 표정이 제어가 안 되는 것도 걱정이다.

만약 알리나가 자신이 지닌 모든 문제를 억누르고 의식하지 않을 수 있다면 정말 수다스러워질지도 모른다. 하지만 그런 말들은 감정적인 깊이가 부족하며 이야기를 듣고 있던 사람들도 곧 지루해할 것이다.

알리나는 예민한 사람이고 그런 면을 좀처럼 억누르지 못한다. 만성적인 수치심이 심하기 때문에 긴장하게 되고 불편해 보인다. 무슨 말을 해야 할지 몰라 그저 잠자코 있을 때도 있다.

다음 그림은 알리나의 동료인 베네딕테와 그녀의 대화를 그림으로 표현한 것이다.

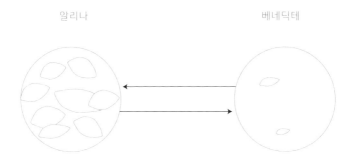

알리나   베네딕테

베네딕테는 알리나가 긴장을 풀고 마음을 조금 내려놓을 필요가 있다고 생각한다. 하지만 알리나는 내적 지지의 한계를 넘어서는 것이 너무나도 두렵다. 그 한계선을 넘어가는 순간에 곧바로 수치심 반응이 일어날 것이다.

알리나는 외롭게 지내고 있다. 혼자 있으면 긴장이 풀리고 마음이 편안하지만, 사람들과 어울리는 것이 그립다. 하지만 막상 다른 사람과 함께 있으면 긴장하게 되고 다시 혼자 있고 싶어진다. 그래야만 자신의 감정을 온전히 느끼고 긴장을 풀 수 있기 때문이다.

알리나는 개인적인 성장을 위해 좀 더 애쓸 필요가 있고 그런 노력은 그만 한 가치가 있을 것이다. 수치심을 이겨 내는 과정에서 그녀는 자신의 내적 자유가 커지는 것을 느끼게 될 것이다. 그러면 다른 사람들과 함께 있을 때도 긴장을 풀고 편안하게 자신의 모습을 있는 그대로 보여 줄 수 있다.

☐ 마음껏 자유롭게 이야기할 수 없게 나를 가로막는 것이 있는가?
   있다면 무엇인가?

_____

_____

☐ 다른 사람들에게 들키고 싶지 않은 나의 모습은 무엇인가?

_____

_____

☐ 누군가와 한창 대화를 나누다가 갑자기 얼어붙어 버릴 때가 있는가?

_____

_____

☐ 단지 다른 사람이 못마땅해할까 봐 두려워서 자기가 하고 싶은 일을
   하지 않게 될 때가 있는가?

_____

_____

Summary

다른 사람들의 판단을 두려워하면 내가 진정으로 원하는 일을 하지 못하게 되고 그 대신 남들 눈에 옳아 보일 것 같은 행동을 하는 데 집중하게 된다. 용기 있게 한 발짝 내딛고 당당히 나서려는 순간 수치심 또는 수치심에 대한 두려움 때문에 다시 물러서서 남들과 어울리지 않고 혼자 조용히 지내게 될 수도 있다.

내적 지지를 받지 못하고 스스로도 잘 알지 못하는 부분을 드러내야 하는 상황이 발생하면 아마도 어색한 기분이 들거나 불안해질 것이다. 수치심은 자유로운 대화를 가로막는 장애물이다. 수치심 때문에 갑자기 대화가 경직되고 얼어붙기도 한다.

5장

수치심을
감추기 위한
가짜 나

영국의 소아과 의사이자 정신분석가인 도널드 위니콧(Donald Winnicott)은 '참 자기'와 '거짓 자기'를 구분 지어 설명한다. 참 자기는 부모가 아이를 바라보고 아이의 모든 감정과 표현을 미러링해 줄 때 생겨난다. 부모가 이렇게 반응해 주면 아이는 자신의 참 자기를 이해하게 되고 안정적인 자기감을 형성할 수 있다. 부모가 다정하게 배려하는 태도로 아이에게 미러링을 제공하면 아이는 내가 남들이 좋아할 만한 괜찮은 사람이라고 인식하게 된다.

만약 부모가 아이에게 주의 깊게 관심을 기울여 주지 않으면 아이는 자기 자신을 발견하는 데 꼭 필요한 도움을 받지 못한다. 그러면 안정적인 자기감을 형성하는 데 필수적인 미러링이나 조화로운 느낌을 경험하지 못 할뿐더러 최악의 경우 자기가 어떤 사람인지 전혀 알지 못하게 될 수도 있다.

부모가 아이의 욕구를 충족시켜 주지 않으면 아이는 부모를 거부하는 대신 자신의 욕구를 제거해 버린다. 그러다 마음속 깊은 곳에서 관심을 갈구하고 애정에 목마른 자신을 스스로 깨닫게 되거나 그런 모습을 남들에게 들켰을 때 자기도 모르게 수치심을 느끼게 된다.

부모가 아이의 참 자기를 사랑으로 대해 주지 않으면 아이는 부모가 줄 수 없는 도움은 필요해하지도 않는 거짓 자기를 만들어 낸다. 아이는 스스로 정서적 자립을 위해 애쓰고, 때로는 부모가 바라는 대로 매우 뛰어난 모습을 보이기도 한다.

나는 내가 아닌 다른 사람이 되려고 애써 본 적이 있다. 열여덟 살 때 나는 나한테 아무도 아무것도 필요하지 않다는 사실이 내심 뿌듯했고 심지어 남들한테 기대는 사람들을 경멸하기도 했다. 그렇게 남에게 의존하는 사람들은 굴욕적인 타협을 해야 했기 때문이다. 나는 욕구가 없는 초인이 되기 위해 애썼다. 내가 느끼는 모든 수치심을 두꺼운 담요 아래에 감춰 버렸고 거절당할 위험을 무릅쓰려 하지 않았다. 누군가에게 다가갔는데 그 사람이 받아 주지 않는 경험은 수많은 감정의 소용돌이를 불러일으켰고 나는 이 부분에서 내적 지지를 전혀 받지 못했다. 우리 집에서는 설령 어떤 일 때문에 기분이 나쁘더라도 모든 것이 다 괜찮은 척해야만 했다. 이때 거짓 자기가 나를 보호하고 감싸 주었다. 한때 승승장구하던 시절에는 내가 남들과 달리 강하기 때문에 다른 사람들과 감정적으로 친밀한 유대 관계를 맺지 않아도 된다고 믿었다.

당신에게는 스스로에게 바라는 이상적인 모습이나 사람들에게 사랑 받으려면 어떤 모습을 보여야 하는지에 대한 나름대로의 기준이 있을 것이다. 때로는 그런 이상적인 모습이 너무나도 생생하게 떠올라서 마치 그것이 지금의 내 모습인 것처럼 여겨질 수도 있다.

하지만 그 누구도 타인에게 완전하고 완벽하게 이해 받을 수는 없다. 그러다 보니 어떤 부분에서는 거짓 자기가 나타나서 참 자기인 것처럼 행동한다. 만약 부모가 우리를 이해해 주고 서로 감정의 조화를 이루게 되면 우리의 참 자기는 더욱 강해지고, 다른 사람들과 더욱 가깝고 친밀한 관계를 형성할 수 있게 될 것이다.

어떤 사람들은 자신의 참 자기와 닿아 있지 않더라도 그럭 저럭 잘 지내는 것처럼 보인다. 주변에서 그런 사람들을 본 적 있을 것이다. 그들은 겉보기에는 쾌활하고 말이 많고 행복 하다. 하지만 그들의 행복은 다른 사람들에게 전해지지 않으 며 서로 눈을 맞추고 감정을 교류하기가 어렵다.

강하고 독립적인 나

부모한테 받은 것이 거의 없는 사람의 참 자기는 버림받았 다는 고통 및 수치심과 연결된다. 거짓 자기는 자신이 강하고 무적이며 독립적이라고 믿는다. 성공은 그런 생각을 뒷받침 하며 수치심이나 버림받을지 모른다는 두려움을 일시적으로 완화하기도 한다.

가족과 함께 즐거운 시간을 보내는 모습을 담은 사진을 페이 스북에 올리면 기분이 좋아져요. '좋아요' 표시와 힘이 되는

댓글들이 줄줄이 올라오면 실제로는 내가 얼마나 사랑 받기 어려운 사람인지를 완전히 잊게 돼요.

카밀라, 32세

남들 앞에서 내세울 만한 성공을 거두면 기분이 좋아져요. 내가 강하고 매력적인 사람처럼 느껴지거든요. 다른 사람들은 내가 평소에 얼마나 실패자처럼 처참한 기분이 드는지 아마 잘 모를 거예요.

옌스, 28세

한동안 또는 잠시 동안은 남들이 겪고 있는 문제들에 대해 이제 나는 초월했다는 생각이 들지도 모른다. 그러면 인생에서 부끄러운 일들을 깜박 잊어버리게 된다.

자칫하면 나한테 뭔가 문제가 있다는 느낌에 대한 보상으로, 수치심을 상쇄할 만한 성공을 이루기 위해 부단히 애쓸 수도 있다.

모든 것을 진짜로 다 잘해 내야만 한다는 생각이 계속 들어요. 비교 대상이 되는 사람들보다 내가 더 나아야만 직성이 풀리고 다른 누군가가 나보다 더 낫다는 걸 알게 되면 속상해요. 다른 사람들보다 더 열심히 하고 때로는 쉬지도 않고 일하고 있어요. 그런 일이 일어나지 않도록 노력하는 거죠.

시그네, 35세

남들보다 내가 털끝만큼이라도 더 나아야 한다고 생각하면 스트레스를 받을 수 있다. 어떤 사람들은 그런 생각 때문에 지나치게 열심히 일하다가 건강이 위태로운 상태에 이르기도 한다. 결국 그들은 거짓 자기가 강해지도록 영양분을 공급하는 셈이다. 거짓 자기는 결코 완전히 만족할 수 없다. 거짓 자기로는 진정으로 친밀한 관계를 맺을 수 없기 때문이다. 따라서 계속 일에 열중할 수밖에 없다.

때로는 어떤 목표를 세우거나 미래에 어떤 일이 일어나기를 기다릴 수도 있다. 오로지 이것만 이루어 내면 진짜 인생이 시작될 거라고 믿으면서 말이다. 하지만 그곳에 도달하더라도 여전히 공허함을 느끼게 되고 곧 새로운 터닝 포인트나 다른 목표에 집중하게 될 것이다.

마치 생사가 걸려 있는 것처럼 항상 싸워 나가야만 할 것 같

은 기분이 들어요. 내가 스스로 세운 목표들을 이루기 위해서
는 시간이 꽤 걸릴 것 같아요. 중간에 멈추거나 심지어 몇 발
짝 뒤로 후퇴하게 되는 일이라도 생기면 앞으로 살면서 부딪
치는 어려운 일들을 내가 과연 잘 해결해 나갈 수 있을지 나
의 능력을 의심하게 될 텐데 그게 너무 두려워요. 그런 상황
이 되면 어떤 기분이 들지도 걱정스럽고요.

헨리크, 38세

헨리크는 버림받을지 모른다는 생각 때문에 고통받고 있
다. 한동안 그런 감정으로부터 멀어졌지만 다시 그 감정이 코
앞으로 다가왔고, 금세 또 고통에 사로잡힐 것만 같아 스트레
스를 받고 있다. 그러나 그는 버림받음에 대한 두려움을 지닌
채로 살아가는 법을 배워야 한다. 그래야만 나 자신을 발견하
고 다른 사람들 앞에서 자신의 약한 모습을 내보이고, 마음을
열고 친밀하게 지내는 능력을 되찾을 수 있다.

꿈과 환상을 좇는 나

아직도 생생하게 기억나는 꿈이 있다. 20대 시절이었는데

꿈에서 아주 멋진 성을 보았다. 그 성 안에는 금으로 화려하게 장식된 수많은 금고들이 있었다. 금이 반짝거리는 모습을 보니 기분이 좋아졌고 즐거워졌다. 그러다 무심코 아래를 내려다본 순간, 기쁨이 모두 사라져 버렸다. 나는 맨발로 모래 위에 서 있었고 그 성은 바닥에서 몇 인치 떠 있었는데 그 아래에는 여러 개의 엉성한 기둥이 있었다. 바람이 불어와 모래를 날려 버리고 내 발을 스쳐 지나갔다. 그 성에는 기반이 없었다.

나는 집에 관한 꿈이 나 자신에 관한 꿈이라는 사실을 알고 있었다. 그래서 그런 꿈을 꾼 뒤 걱정이 되기 시작했다. 어릴 때부터 나는 사람들이 나의 어떤 모습을 좋아하는지 알아내기 위해 애써 왔고 그 후로는 나의 그런 모습만 보여줬다. 잘 모르는 사람들과 친해지고 싶을 때는 그들의 말에 동조하고 칭찬해 주고 어떻게 해서든 그들을 기쁘게 하기 위해 애썼다. 나는 새로운 친구를 사귀는 것이 왜 어려운지 이해할 수가 없었다.

이제 와서 그 시절을 돌이켜보면 꿈에서와 마찬가지로 나 자신도 기반이 없었던 것 같다. 내가 어떤 사람인지, 무엇을 원하는지를 알지 못했고, 감정을 드러내 표현하지 못했다. 그

대신 다른 사람이 나를 좋아하게 만들려면 어떻게 해야 하는지에 관해서만 생각했다. 하지만 정작 다른 사람들과 어울릴 때 나의 감정을 배제했기 때문에 정서적인 교류를 나눌 수는 없었다.

거짓 자기가 성큼 앞으로 나서서 모든 욕구와 관련된 참 자기를 대신해 무대를 장악하게 되면 자신이 강하다는 생각이 들지는 모르지만 다른 사람들과 감정적인 파장을 맞추기가 어려워진다.

사랑 따위 갈망하지 않는 나

우리 모두는 서로 유대 관계를 형성할 수 있는 능력을 지니고 태어났다. 마치 새들이 본능적으로 둥지를 짓는 법을 알고 갓 태어난 아기가 다른 사람과 사랑으로 유대 관계를 맺는 법을 알듯이, 자연의 섭리상 인간은 서로 손을 내밀어서 다가가게 되어 있다. 만약 아기 곁에 사랑이 넘치는 관계를 맺을 수 있는 사람이 아무도 없다면, 자신을 온전하게 봐 주고 자신에게 다가와 주는 사람이 없다면 사랑에 대한 갈망은 수치심으로 이어질 것이다.

만약 사랑에 대한 갈망이 내적 지지를 받지 못하면 애정 어린 눈길을 두려워하게 된다. 누군가가 다정하고 공감 어린 표정으로 나를 바라보면 곧바로 눈을 피해 바닥만 쳐다보거나 눈길을 돌리게 되는 것이다. 다정한 눈빛은 참 자기를 불러내는 강력한 초대장을 보내고 이에 참 자기는 흔들리게 된다. 참 자기가 움직이면 그동안 애써 억눌러 왔던, 버려질지 모른다는 고통스러운 감정이 깨어난다. 애정 어린 눈길로 나를 바라봐 주는 사람의 곁에 있으면 왠지 마음이 불안하거나 불편해져서 그런 사람에게 거리를 두게 된다.

다른 사람들을 도와주는 게 좋아요. 내가 다른 누군가를 위해서 한 일 덕분에 그 사람이 행복해하는 모습을 보면 정말로 하늘을 나는 듯한 기분이 들어요. 정작 나한테 필요한 건 별로 없다고 생각했죠. 하지만 어떤 계기를 통해 깨달음을 얻게 됐어요.

새로 부임해 온 상사가 이따금씩 다정한 눈길로 나를 바라봐 주곤 했는데 그럴 때면 정말 기분이 이상해졌어요. 내 안에서 통제할 수 없는 어떤 일이 일어나는 것만 같았죠. 나는 상사의 눈을 피했고 최대한 거리를 뒀어요. 하지만 퇴근하고 집에 돌아와 혼자 있을 때도 그 다정한 눈빛이 갑자기 머릿속에 떠올랐고 내 안에 있는 어떤 위험한 감정을 불러일으켰어요. 내심 그 사람에게 다가가고 싶어한다는 것을 깨닫는 순간 나는 수치심으로 얼어붙었죠.

근무평정 날짜가 가까워 오자 두려웠어요. 세상이 끝나 버리는 날이 다가오는 것만 같았거든요. 나는 상사 앞에 놓인 의자에 앉아서 우리 기관에 있는 어떤 사람에 대한 걱정을 주절주절 늘어놓기 시작했죠. "잠깐만요." 상사는 이렇게 말하더니 그 자리에 앉아서 몇 초 동안 가만히 나를 쳐다봤어요. 내 마음속에서는 한창 전투가 벌어지고 있었죠. 그때 상사가 가장 끔찍한 질문을 했어요. "요즘 어떻게 지내요?" 그러자 내가 그동안 가장 두려워했던 일이 벌어졌어요. 상사한테는 애써 괜찮다고 말했지만 얼굴은 떨리기 시작했고 두 눈에는 눈물이 그렁그렁해졌어요. 수치심으로 죽을 것만 같았죠. 상사는 나에게 이렇게 말했어요. "속상한 기분이 들어도 괜찮아요. 한바탕 실컷 울어 봐요. 다들 가끔은 그런 날 있잖아요." 그다음에 어떤 대화를 나눴는지는 거의 기억이 나질 않지만 나는 점차 안정을 되찾았어요. 상사와 눈을 마주치는 게 예전처럼 그렇게 위험하게 느껴지지는 않았죠. 그는 내 최악의 모습을 봤고 아무도 상처받지 않았어요. 나중에 내가 왜 '그렇게까지' 수치심을 느꼈는지 그 이유를 곰곰이 생각해 봤어요. 그 사람이 나한테 속상해도 괜찮다고, 누구나 때로는 한바탕 울고 싶을 때가 있다고 했을 때 정말 맞는 말이라는 생각이 들었어요. 사실 그때까지는 절대로 그래서는 안 된다고 생각했지만요.

리케, 39세

　리케는 자기가 정서적으로 자립적인 사람이며 다른 사람들의 도움이 필요하지 않다고 여겼다. 그러나 상사가 다정하고 근심 어린 눈빛으로 바라보자 그녀의 참 자기가 깨어났고 이내 어색하고 불안한 기분이 들었다. 리케는 감정의 균형을 뒤흔드는 내적 갈등을 경험했다. 갈등의 한 편에 있는 참 자기는 공감 어린 눈길로 바라보는 상사 앞에 나타나서 따뜻한 햇살을 쬐고 싶어했다. 실제로 존재한다는 기분을 마음껏 누리고 싶었다. 반대편에 있는 거짓 자기는 그동안 살아남기 위해 애써 억눌러 왔던, 버려진 것만 같은 기분으로부터 그녀를 보호했다. 자신이 얼마나 외로운지를 잊고 싶었기 때문이다. 가정에서 충분한 사랑을 받지 못한 그녀는 가족들 틈바구니에서 살아남기 위해 본래 자신의 모습을 깊이 감췄다.

마음 깊은 곳에서는 상사의 배려 깊은 표정을 보고 그 초대
장이 왔다는 것을 알고 있었지만 리케는 불안과 걱정으로 경
직됐고 숨어 버리려고 애썼다. 다행히 근무평정 때문에 리케
는 상사의 눈을 바라봐야만 하는 상황에 처하게 됐다. 그리고
리케가 수치심을 느끼는 부분을 상사가 너그럽게 받아 준 덕
분에 그녀는 자신의 그런 모습을 받아들일 수 있게 되었고 온
전히 자기 자신이 될 수 있었다.

친밀하고 신사한 관계를 피하는 나

지나치게 가까이 다가오는 사람은 진정한 욕구에 호소하
게 되는데 거짓 자기는 이를 인정하려 들지 않는다.

> 젊었을 때는 나한테 그다지 관심을 보이지 않는 내성적인 남
> 자들한테만 빠져들었어요. 내가 그 사람을 설득할 수만 있다
> 면 우리는 천생연분이 될 거라고 생각했죠. 하지만 그런 일
> 은 결코 일어나지 않았어요.
> 나에게 관심이 있는 다정한 남자를 만났을 때는 속이 울렁거

릴 지경이었어요. 왠지 모르게 스트레스가 너무 심해서 재빨리 그 사람의 안 좋은 면을 생각해 내려고 애썼죠. 바보 같은 말을 한 적이 있다거나 그의 외모 중에서 마음에 안 드는 부분이 있다거나 그런 것들 말이에요.

이레네, 42세

이레네는 냉랭하고 무심한 어머니 슬하에서 자랐다. 어머니는 자신의 감정을 다루는 것조차 버거운 사람이었기 때문에 딸의 입장에서 생각하고 딸에게 할애할 수 있는 기운과 여력이 없었다. 그래서 이레네는 다른 사람과의 따뜻한 감정 교류를 필요로 하지 않고 그저 열심히 일하고 성공을 이루는 데만 몰두하는 거짓 자기를 만들어 냈다.

마음이 따뜻하고 다정한 남자가 그녀와 함께 있기를 원하고 친밀하고 진지한 관계를 맺고 싶어했을 때, 그는 그녀의 가장 진정성 있는 부분인 (모든 욕구를 지닌) 참 자기에 호소하게 됐다.

수차례의 끔찍한 데이트와 짧게 끝나 버린 연애로 여러 해를 허비하고 나서야 이제는 다정하고 배려심 깊은 남자를 만나면 달아나 버리지 않겠다고 다짐했어요. 하지만 그런 사람을 만날 때면 만나기 전에도, 만나고 난 뒤에도 속이 울렁거리 곤 했죠. 애써 마음을 열고 그 남자랑 사랑을 나누고 나면 한 밤중에 덜덜 떨면서 잠에서 깨곤 했어요. 버려질까 봐 두려 운 감정이 내 마음을 온통 뒤흔들어 놓았죠.

이레네, 42세

처음에 이레네는 그 사람과의 관계에 뭔가 문제가 있다고 생각했다. 그녀는 스스로에게 이렇게 물어보았다. '나의 기 분을 가라앉게 만드는 사람과 함께 있어야 할 필요가 있을 까?' 그런데 사실은 따뜻하고 다정한 사람이 그녀의 참 자기 를 이끌어 냈고 참 자기는 버려질지 모른다는 두려움과 연결 되어 있기 때문에 그런 상황이 일어난 것이었다.

나의 스승이자 덴마크에 있는 게슈탈트 인스티튜트(Gestalt Institute)의 수장인 닐스 호프마이어(Niels Hoffmeyer)가 이런 말 을 한 적이 있다. "우리에게 깊이 있고 진정한 사랑의 감정으 로 다가오는 사람은 우리의 내면에서 최악의 모습을 이끌어 낼 수 있다." 이레네 같은 사람은 그런 남자를 떠나고 싶은 생 각에 빠지기 쉽다. 하지만 그런 해결책은 서글프다. 앞으로

한 발짝 나아가기 위해서는 참 자기를 있는 그대로 인정하고 참 자기와 그 모든 경험을 끌어안고 살아가야만 한다. 버려짐에 대한 두려움도 마찬가지다. 그런 과정을 거쳐야만 우리는 온전한 존재가 될 수 있다.

분노를 통해 관계에 거리를 두는 나

친밀하고 진지한 관계가 두려울 때는 분노나 혐오를 통해 사람들한테서 거리를 둘 수 있다. 그러면 사랑에 대한 갈망으로부터도 멀어질 수 있게 된다. 마치 상처를 받아서 속상하고 잔뜩 화가 난 채로 울면서 달아나는 어린아이처럼 말이다. "가 버릴 거야! 다시는 나를 못 볼 줄 알아!" 하지만 마음속으로는 누군가가 달려와서 나를 붙잡아 주고 온전히 봐 주기를 간절히 바라고 있다.

키엘의 부모는 키엘이 보내는 신호를 이해하지 못했고 그가 어떤 사람인지 전혀 알아봐 주지 못했다. 비유적으로 말하자면 키엘은 부모가 그냥 내버려 두었기 때문에 자기 갈 길을 갔고 혼자 침잠하게 됐다. 그 누구도 그의 마음속을 들여다보지 않았고 그를 찾으려 하지 않았다. 그렇게 살다 보니 키엘도 마음속 깊은 곳의 자기 자신과 연락이 끊겨 버렸다.

가끔씩 아내가 사랑스러운 눈길로 나를 바라보곤 해요. 더 가까이 다가오라고 초대하듯이 말이죠. 그런 상황이 되면 왜 자꾸 마음이 불편해지는지 모르겠어요. 처음에는 아내가 그런 행동을 하는 데는 저의가 있다고 생각했어요. 아니면 솔직하지 못한 태도라고 여겼죠. 그래서 내가 그런 반응을 보였나 봐요. 하지만 이제는 아내를 잘 알아요. 솔직하고 나를 진정으로 위해 주는 사람이죠.

그런데도 아내가 그런 표정으로 나를 바라보면 왠지 마음이 불안해져요. 내가 약해지는 것만 같은 기분이 들거든요. 그래서 나도 모르게 아내가 무심코 실수했던 일을 굳이 꺼내서 들먹이게 돼요. 예를 들어서 아내가 쇼핑할 때 어떤 물건을 깜박하고 사지 않은 일을 언급하며 아내가 항상 나를 잊어버리고 자기만 생각한다고 말하죠. 나중에 돌아보면 내가 왜 그렇게 못되게 굴었던 건지 정말 모르겠어요. 갑자기 그런 못된 모습이 툭 튀어나와 버려서 스스로도 막을 수가 없어요.

키엘, 55세

이해하기 힘든 행동의 이면에는 수치심이 원인으로 작용하기도 한다. 키엘은 자기가 왜 아내한테 못되게 구는지를 모른다. 그동안 버림받았다는 고통스러운 감정과 사랑을 연관 지어 생각해 왔기 때문에 아내가 자신의 사랑에 대한 갈망을 일깨우는 상황을 최대한 피하고 싶어 하는 것이다. 만약 키엘이 마음속으로 얼마나 사랑에 굶주려 있는지를 아내가 알게 된다면 그는 정말 깊은 수치심을 느낄 것이다.

아내가 지나치게 가까이 다가올 때 키엘이 느끼는 분노와 혐오는 그를 구해 준다. 분노와 혐오 덕분에 아내한테서 거리를 둘 수 있고 자기 마음 깊은 곳의 감정에도 거리를 둘 수 있게 되기 때문이다. 그러고 나면 괴로웠던 마음이 다시 평온해진다. 키엘은 이런 방식으로 마음의 평온을 얻기 위해 자기가 얼마나 큰 대가를 치르고 있는지 잘 모른다. 아내한테서 거리를 두려는 행동이 사랑에 목마른 자신의 모습에 대한 수치심 때문이라는 걸 알지 못한다. 또한 자신의 수치심을 제대로 다룰 수 없기 때문에 진정으로 친밀하고 진지한 관계를 받아들이지 못한다. 두 사람 모두가 자기 자신과 닿아 있어야만 비로소 친밀하고 진지한 관계를 맺을 수 있다.

한스 크리스티안 안데르센의 동화 〈미운 오리 새끼〉는 우연히 오리들과 함께 지내게 된 아기 백조에 관한 이야기다. 아기 백조는 생김새가 다르다는 이유로 다른 새들로부터 놀림을 받는다. 수많은 어려움을 겪으면서 이 어린 잿빛 새는 아름답고 흰 백조로 자라나게 되고, 다른 백조들을 만나 환영받는 것으로 이야기는 끝이 난다.

자신의 삶에 만족하지 못하는 사람은 자기가 닭이나 오리들 틈에 끼어 있는 미운 오리 새끼라고 생각하며 감정 이입을 하기 쉽다. 마음속으로는 주변 사람들을 마치 자기랑 어울릴 자격이 없는 암탉들처럼 여기고 깔보며, 친구들도 그저 잠시 함께 시간을 보내는 사람 정도로 생각할 수 있다. 그리고 한편으로는 정말로 뛰어나고 완벽한 모습을 보이기 위해 고군분투한다. 그렇게 하면 다른 백조들이 나를 알아보고 마침내 내 앞에 나타나 현재의 굴욕적인 삶에서 나를 구해 줄 것이라고 생각하기 때문이다. 현재의 삶에서는 타협을 해야 할 때도 있고 다른 사람들이 무시하거나 무심하게 대하는 것을 참아야 할 때도 있다. 하지만 언젠가는 영원한 행복을 누리며 살수 있을 거라고, 이렇게 실망스러운 일들을 더 이상 겪지 않을 거라고 의식적으로 꿈꾸는 것이다.

하지만 이런 꿈속에서 살아가려면 상당한 대가를 치러야 한다. 어떻게 보면 한스 크리스티안 안데르센 자신도 그 대가를 치렀다고 할 수 있다. 안데르센은 평생 그 누구와도 친밀하고 진지한 관계를 맺지 못했다고 알려져 있다. 그런 관계를 얻기 위해서는 남들처럼 연약하고 사랑을 원하는 나의 모습을 과감하게 인정하고 받아들일 필요가 있다. 또한 한때 피해서 달아나려 했던 버림받은 기분까지도 포함해 나의 감정들을 온전히 느낄 수 있는 용기가 필요하다.

일이 잘 풀리지 않아서 고난을 헤쳐 나가느라 힘겨운 시간을 보내고 있을 때는 상상 속의 세상으로 도피해 버리고 싶은 유혹에 빠지기 쉽다. 언젠가는 모든 게 다 좋아질 거라고 상상하다 보면, '조금만 더 버텨, 조금만 더 버텨 봐. 이제 곧 나아질 거야.'라고 속삭일 때처럼 마음에 작은 위로가 되기도 한다.

감정과 관련해 '버틴다(hold on)'라는 표현은 '거리를 둔다(hold off)'라는 의미이기도 하다. 어떤 감정을 멀리하고 그런 감정이 나에게서 떨어져 있도록 거리를 두는 것이다. 자신의 내적 혼란으로부터 거리 두는 법을 잘 알고 있다면 여러 상황에서 매우 유용한 도움을 받을 수 있을 것이다. 일에 집중해야 할 때, 이혼 절차를 밟고 있을 때, 침착함을 잃지 않고 내가 두려워하는 일을 해내야 할 때 등 다양한 상황에 적용할 수 있다. 하지만 그렇다고 해서 영원히 이렇게 감정을 멀리할 수는 없다. 그러다 보면 결국 앞으로는 어려운 시기가 없을 것이라는 환상에 빠질 수 있기 때문이다. 언젠가 더 좋은 집에서 살게 되면, 시험에 합격하기만 하면, 나한테 꼭 맞는 일을 찾게 되면…… 등등과 같이 말이다.

아무 걱정도 문제도 없는 인생은 불가능하다. 그러나 추방된 감정들을 다시 불러들일 용기만 있다면 보다 온전해지고 보다 더 역경에 잘 대처해 나갈 수 있게 될 것이다.

> 나를 사랑하는 남자를 만나려면 고통으로 가득 찬 강을 힘
> 겹게 헤쳐 나가서 건너편에 도착해야 하는 것만 같았어요.
>
> 이레네, 42세

누군가를 필요로 하고, 때로는 실패를 겪기도 하는 평범한 사람으로 살아갈 용기가 있어야만 비로소 깊이 있고 따뜻한 관계를 맺을 수 있다. 초인이 되고자 하는 사람은 결국 외로

워진다.

　이런 꿈속 세상에서 빠져나오는 것은 산에서 내리막길을 걷는 것과 같다. 완벽하거나 굉장한 모습을 보여 주고 싶은 마음을 놓아 버리면 허전한 기분이 들 수도 있다. 뭔가 문제가 생겼을 때 내가 주변의 가까운 사람들을 원망하고 그들의 잘못에 집착했으며 정작 나는 꿈속에 빠져 있었다는 사실을 인정하고 나면 기분이 정말 울적하다. 그런 공허함을 느끼는 진짜 이유는 아직도 현재의 감정에 집중할 용기를 내지 못하고 있기 때문이다. 자기가 중요하고 특별한 존재라는 생각을 버리고 내가 얼마나 평범한 사람인지를 깨닫고 나면 처음에는 상실감을 느끼게 된다. 나도 실제로 그런 경험을 한 적이 있다. 실패도 역경도 없는 삶에 대한 아찔하고 멋진 환상에서 별볼일 없어 보이는 현재의 즐거움에 이르기까지 상당히 가파른 내리막길을 걸어온 것 같은 기분이었다. 하지만 이것은 우리가 행복을 느낄 수 있는 유일한 길이다.

　만약 당신도 그 산에서 다시 내려와서 자신에 관한 진실을 인정해야만 한다면 자기 자신을 사랑하는 것을 잊지 마라. 어쩌면 유감스럽게도 당신은 한때 불가능한 상황을 헤쳐 나가기 위한 창의적인 해결책으로 어떤 패턴에 빠져 있었는지도 모른다. 그 당시에는 그런 패턴이 당신의 심리적 균형을 지켜주는 전략 역할을 했을 수도 있다. 하지만 산에서 내려온 뒤에는 오래전에 그 패턴을 놓아 버릴 수 있었다면 좋았을 텐데, 하고 안타까워질 것이다. 일단 자신의 과거에 대해 슬퍼하는 과정이 끝나고 나면 현재의 나이와 상관없이 다른 사람들을 사랑할 수 있는 기회가 여전히 한없이 많이 남아 있다는 사실을 깨닫게 된다. 내리막길처럼 여겨졌던 것이 사실은 의식의 성장이었다는 사실도 함께.

☐ 애정 어린 눈길을 피해 도망친 적이 있는가?

☐ 사랑을 원하는 마음을 느끼고 표현할 수 있는가? 아니면 내가 그
런 면에서 자립적이지 못하다는 사실을 다소 부끄럽게 생각하는
가?

Summary

수치심을 완화하기 위해서는 자기 자신을 용기 있게 드러낼 필요가 있다. 나의 욕구와 불안, 분노를 포함해 내면에 존재하는 모든 것을 받아들이고 그 곁을 지킬 수 있는 용기를 찾아내는 것이 무엇보다 중요하다. 문제는 수치심이 들 때 우리가 가장 두려워하는 것이 바로 '노출'이라는 점이다. 그래서 수치심 문제를 해결하고 나면 있는 그대로의 모습으로 살아갈 수 있는 더 큰 자유를 얻을 수 있는데도 자꾸 망설이고 주저하게 된다.

남들보다 나은 모습을 보이기 위해 애쓰는 행동이 사실은 나에게 뭔가 문제가 있다는 느낌을 덜어 내기 위한 것일 수도 있다. 내가 남들처럼 평범하고 때로는 연약한 사람이라는 점을 과감하게 인정하고 애정 어린 눈빛을 마주할 용기를 낼 때 비로소 우리는 수치심을 극복할 수 있다.

Say
Hello
To
Your
Shame

2 부

수치심 극복을
위한
도구

여타의 심리적 문제들과 마찬가지로 수치심을 없애고 자기
감에 생긴 빈자리를 보수할 수 있는 보편적인 치유법은 바
로 사랑이다. 누군가 온전히 우리를 봐 주고 소중히 아껴 주
는 경험을 할 수 있다면 그게 바로 축복이다. 그 과정에서 우
리는 있는 그대로의 모습 그 자체만으로도 충분하다는 사실
을 깨닫게 된다. 이 책이 여기서 끝나지 않는 까닭은 그저 밖

에 나가기만 하면 애정 어린 눈길로 나를 바라봐 주는 사람을 만나고 마음의 치유를 받을 수 있는 것이 아니기 때문이다. 만약 그럴 수 있었다면 다들 이미 오래전에 그렇게 했을 것이다.

수치심이 깨어나면 다른 사람들을 멀리하게 되고 그저 숨어 버리고만 싶은 기분이 든다. 특히 애정 어린 눈길이 나에게 가장 필요한데도 그런 눈빛을 마주하게 되면 더더욱 달아나고만 싶어진다. 사랑을 발견하기 어려운 것이 아니라 우리가 자신의 수치심과 나약함을 남들에게 들키지 않도록 감추고 스스로를 보호하기 위해 너무 애쓰는 것이 문제다. 진정한 자신의 모습을 드러낼 생각조차 하지 않고 평생을 살아가는 사람들도 많다. 아마도 그런 사람들은 진정한 자신의 모습이 어떤 건지 알지도 못할 것이다.

악순환의 고리를 끊자

수치심 때문에 숨고 싶어지고 애정 어린 눈길을 피하게 되면 외로워진다. 그리고 나면 수치심이 더욱 심해지게 된다. 어쩌면 수치심이 든다는 사실 자체가 수치스러워질 수도 있다. 그렇게 되면 교착 상태에 빠져 이런 상황을 해결한다는 것이 불가능해 보일지도 모른다.

2부에서 소개하는 과제들을 해 나가다 보면 분명 상황이 점점 좋아질 것이다. 자존감을 확립하고 용기를 북돋아 주는 과제들도 있고, 수치심을 지속시키는 패턴을 깨뜨리는 데 도움이 될 만한 과제들도 있다. 처음에는 여기저기에 조금씩 빛이 비치는 것처럼 느껴지고 그러다 보면 내가 어디에 있는지, 어디로 향하고 있는지를 파악하기가 조금 더 수월해질 것이다.

6 장

있는 그대로의
나를
바라보는 법

모든 사람의 자기감에는 크건 작건 여러 개의 빈자리가 존재
한다. 자신의 모든 면에 관해 세심하고 진정성 있는 미러링을
받은 사람은 세상에 아무도 없다. 다만 나를 알아가는 과정을
통해 자기감 속 빈자리를 어느 정도 채워 나갈 수는 있다. 어
린 시절 부족했던 관심과 미러링을 나에게 제공하는 데 있어
서 결코 늦은 때란 없다. 다른 사람들 눈에 내가 어떻게 비치

는지에 대해 잘 모를수록 거대하고 복잡한 환상에 빠지기 쉽다. 나 자신에 대한 이해가 더욱 깊어지면 길을 찾아나가기가 더 수월해지며 사람들과 어울리는 상황에서 보다 자신감 있는 태도를 보일 수 있다.

누군가에게 부끄러운 모습을 드러내거나 문제 있는 사람처럼 보일 것에 대한 걱정에 빠지면, 남들이 나를 어떻게 바라보는지를 지나치게 의식하게 되고, 그들의 생각을 알아내는 데 집착하게 된다. 그러는 대신 직접 그들에게 다가가서 솔직하게 물어보자. 그러면 혼자 추측하고 고민하느라 한참 동안 고생할 필요가 없다. 어떤 사람들은 이런 말을 쉽게 꺼낸다.

"내가 해야 할 과제가 있는데 혹시 도와줄 수 있어? 너는 나를 어떻게 생각해? 네가 보기에 나는 어떤 사람이야?"

그러면 상대방은 나의 긍정적인 부분들만 이야기해 줄 수도 있다. 어쩌면 내가 칭찬을 받고 싶어할 거라고 생각해서 그럴 수도 있다. 그럴 때는 난 솔직한 답변을 원한다고 이야기해 보자. 만약 도움이 된다면 "내가 뭘 어려워하는 것 같아?"라고 물어볼 수도 있다. 상대방이 당장 무슨 말을 해야 할지 모르는 상황이라면 충분히 심사숙고한 후에 생각이 정리되면 이야기해 달라고 할 수도 있다. 걱정이 된다면 확실히 나를 괜찮게 생각하는 사람들한테만 그런 이야기를 해 달라고 부탁할 수도 있다. 하지만 진실을 알고 싶다면 용기를 내서 나를 그다지 좋아하지 않는 사람들에게도 물어볼 필요가 있다. 때로는 그런 사람들이 내가 어떤 사람인지를 좀 더 명확하고 완전하게 보여 주는 열쇠와도 같은 역할을 하기 때문이다. 친구들과 달리 그들은 그런 말을 하는 데 있어서 거리낌이 별로 없을 것이다.

예전에 강의를 하던 시절에 모든 학생에게 이런 숙제를 낸 적이 있다. "나의 첫인상은 어땠나요? 지금 나는 어떤 사람 같나요?"를 세 사람에게 물어본 뒤 다시 교실로 돌아와서 자기가 들은 이야기를 발표하는 것이다. 특히 밝고 활발한 성격을 지닌 한 여학생이 기억에 남는다. 그녀는 홍조 띤 얼굴과 촉촉한 눈망울로 이번 과제를 통해 자신의 긍정적인 면을 알게 되었다는 이야기를 들려 주었다. 대다수의 학생들이 다른 사람들이 자기를 어떻게 바라보는지에 대해 더욱 잘 이해하게 되었고 값진 경험을 얻을 수 있었다.

질문을 받은 사람이 답한 내용을 전부 곧이곧대로 믿지는 마라. 우리 모두는 자기만의 필터를 통해 이 세상을 바라본다. 같은 방향을 바라본다 하더라도 두 사람이 보는 것은 결코 완전히 동일할 수가 없다. 그렇기 때문에 사람들이 들려주는 이야기의 대부분은 사실상 당신보다 그들과 그들이 다른 사람을 이해하는 방식에 더욱 밀접하게 연관되어 있다. 하지만 답변 내용이 긍정적이건 부정적이건 간에 당신은 그들의 피드백을 어느 정도는 알아볼 수 있을 것이다. 그중에는 깜짝 놀랄 만한 내용도 있고 스스로 이미 잘 알고 있는 내용도 있다. 더 많은 사람에게 질문할수록 전체적인 그림이 더 미묘하고 섬세해진다.

만약 수치심이 들게 하는 피드백이 있다면 아마도 자기감에 생겨난 빈자리들 중 하나와 가까운 내용일 것이다.

예전에는 사람들이 나에 관해 이야기할 때 '작다(little)'라는 말을 쓰면 불안에 가까운 감정이 들곤 했다. 그럴 때마다 나의 머릿속에는 "같이 놀기에는 너무 작아."라는 말이 울려 퍼졌고 "최소한 하이힐을 신고 잘 걸을 정도는 돼야지."라고 말하는 우리 어머니의 목소리가 들렸다. 나는 키가 작고 왜소한 내 모습을 받아들이고 좋아하려고 무던히 애를 써야만 했다. 비로소 용기를 내서 이 문제에 관해 털어놓고 나니 기분이 금세 한결 더 나아졌다. 나는 사람들의 애정 어린 따스한 눈빛을 빌려서 나의 연약한 부분을 바라보았다. 그 방법을 통해 키가 작아서 좋은 점을 서서히 긍정할 수 있게 되었고 다른 사람들이 나를 좋아하는지 아닌지는 키와는 전혀 상관이 없다는 것을 알게 되었다.

어쩌면 다른 사람의 피드백 중에는 기분이 나빠지거나 속상해지는 내용도 있을 수 있다. 아마도 있는 그대로의 자기 모습에 대한 인정과 지지가 부족한 부분을 건드리는 내용이라 그럴 것이다. 그런 결핍이 존재한다는 사실을 깨닫는 것만으로도 그 문제를 해결할 가능성이 높아진다. 관심과 보살핌이 필요한 부분이 있다는 것을 이제는 알기 때문이다.

또한 당신에게 그런 피드백을 준 사람과 함께 이런 약한 부분에 대해서 이야기를 나눠도 좋다. 그러면 그 사람은 바로 그 자리에서 애정 어린 따스한 눈길로 당신을 바라봐 줄 것이다. 아니면 같이 있을 때 더 안심이 되고 마음이 편안한 사람에게 그런 이야기를 털어놓는 것도 괜찮다. 절대로 혼자 끙끙 앓지는 마라. 숨어서 아무한테도 아무 얘기도 하지 않는다면 수치심은 더욱 심해질 수밖에 없다.

내 모습 영상으로 기록하기

요즘에는 손쉽게 셀프 동영상을 촬영해서 자신의 모습을 관찰할 수 있다. 작은 삼각대를 마련해 휴대전화로 자신의 모습을 찍어 보자. 다른 사람들과 함께 있을 때 자기 모습이 어떤지를 확인하는 데서 얻는 바가 크다. 가족의 생일 파티에서 내 모습이 담긴 영상을 찍는 것이 너무 부끄럽다면 혼자 있을 때 휴대전화에 대고 말하는 모습을 찍어도 된다. 영상에 담긴 나의 모습을 연구할 수 있는 좋은 기회가 될 것이다.

만약 이런 프로젝트에 참여할 의향이 있는 친구가 있다면 두 사람이 같이 있는 영상을 촬영해도 좋다. 촬영 중이라는 사실을 잊고 평소처럼 자연스러운 모습이 나올 때까지 긴 시간에 걸쳐서 영상을 찍어라. 촬영이 끝난 후에는 영상 속 두 사람에 관해 이야기를 나눠 보자. 영상 속에 비친 모습을 적절하게 묘사할 수 있도록 서로 도와주는 것도 좋겠다.

- 영상 속의 두 사람이 어떻게 보이는가?

- 자유롭게 대화를 나누고 있는가? 아니면 주저하는 모습을 보이는가?
- 행복해 보이거나 화가 나 있거나 두려워하는 것처럼 보이는가?
- 두 사람의 아이 콘택트(eye contact)는 적절한가? 아니면 둘 중 한 사람은 눈을 맞추려 하지만 다른 사람은 눈길을 피하는가?
- 두 사람이 의사소통 할 때 신체 동작을 어떻게 활용하는가?
- 어떤 주제에 관해서 대화하는가? 대화의 주제는 누가 고르는가?
- 현재 대화하고 있는 상황이 두 사람에게 만족스러워 보이는가?

앞에서 언급한 항목들을 집중적으로 살펴보면 좋겠다. 그 정도로 친밀하고 사적인 부분까지 들어가고 싶지 않다면 조용히 두 사람이 함께 있는 모습을 영상에 담는 것도 괜찮다.

예전에 나에게 상담을 받았던 내담자 중 남들이 자기한테 문제가 있다고 생각할까 봐 걱정하던 젊은 남자가 있었다. 그는 프로젝트 리더로 새로 부임해 온 부서에서 프레젠테이션을 할 때 불안해했다. 프레젠테이션 때 자신의 모습이 어떻게 보였을 것 같은지 물어봤더니 그는 자기가 얼굴을 붉히고 손을 덜덜 떨면서 거의 정신 나간 듯한 행동을 하는 것을 모든 사람들이 다 지켜보았을 것이라고 대답했다. 그래서 나는 그에게 다음 상담 때 내 앞에서 프레젠테이션을 하는 모습을 영상으로 찍어 보자고 제안했다.

그렇게 촬영한 영상을 함께 보는 동안 그는 스스로 깜짝 놀랐다. 자기 모습이 조금 불안해 보이긴 했지만, 얼굴을 붉히지도 손을 떨지도 않았기 때문이다. 내가 가장 놀랐던 건 영상 속 그가 자주 웃었고 친절하면서도 강해 보였다는 점이다. 나중에 그는 영상으로 자신의 모습을 확인해 본 경험이 상당히 도움이 됐다고 말해 주었다. 이제 프레젠테이션을 할 때 얼굴이 빨개지고 덜덜 떨고 있는 미친 사람처럼 보이는 남자가 아니라 여유롭게 미소 짓고 있는 젊은 남자의 모습이 머릿속에 그려진다고 했다.

자신의 모습을 영상으로 찍은 후에 그 영상을 확인할 때는 비판적인 태도를 거두어야 한다. 마치 자식이나 친한 친구를 대하듯이 애정 어린 따뜻한 눈길로 자신의 모습을 볼 수 있도록 노력해야 한다. 친구와 함께 영상을 시청한다면 당신이 지금 보고 있는 장면을 보다 적확한 표현으로 설명할 수 있도록 서로 도와줄 수 있을 것이다.

나의 내면 경험하기

자기 자신을 경험하고 느끼는 능력은 훈련을 통해 향상시킬 수 있다. 친절하고 부드러운 태도로 자신의 내면에 관심을 기울여 보기 바란다. 몸은 어떤 느낌이 드는가? 마음은 어떤 기분인가? 지금 이 순간 가장 원하는 것은 무엇인가? 괜찮다면 거울 앞에서 스스로에게 이런 질문들을 던져 보는 것도 좋다. 내가 무엇을 원하는지에 대한 질문에 답할 때 가장 먼저 떠오르는 답변은 피상적일 가능성이 크다. "그게 왜 그렇게 좋은데?"라는 질문을 통해서 그 이면에 있는 것을 찾아낼 수 있다. 예를 들어, 케이크가 머릿속에 가장 먼저 떠올랐다고 해 보자. 케이크를 먹는 게 왜 그렇게 좋을까? 어쩌면 케이크를 먹으면 마음이 평화로워지고 즐거워지기 때문일지도 모른다. 그렇다면 다른 방법을 통해서도 그런 마음의 평화와 즐거움을 경험할 수 있을까?

만약 당신이 가장 원하는 것이 실현 가능한 일이고 심각한 부작용이 없는 일이라면 자기 자신을 아끼고 존중하는 의미에서 그 일을 시도해 보기 바란다. 그렇지만 이미 세상을 떠난 사람을 만나고 싶다거나 지금보다 열 살 더 젊어지고 싶다는 등 원하는 것이 현실적으로 도저히 이루어질 수 없는 일이라면, 이에 대해 속상해할 시간을 스스로에게 충분히 허락해야 한다. 때로는 슬픔을 깊이 겪어 내야만 비로소 다시금 서서히 행복을 느낄 수 있다.

내면의 깊은 곳 들여다보기

내가 맡은 역할에 대해 생각하거나 나에 대해 객관적으로 바라보는 것뿐 아니라 나의 내면 깊은 곳을 들여다보는 것을 통해서도 수치심에 대한 저항력을 기를 수 있다. 그런 경지에 도달하게 되면 우리는 이것도 저것도 아무것도 아닌 존재가 된다. 똑똑하지도 어리석지도 아름답지도 못나지도 않은, 그저 살아 숨 쉬는 한 인간의 모습으로 살게 된다.

가만히 나 자신을 돌아보는 시간을 가져 보자. 지금 이 순간 마음속을 어지럽히는 수많은 생각들을 뒤로하고 내가 어떤 존재인지에 관심을 기울여 보자. 나의 모든 행동과 직함, 허울과 상관없이 나는 어떤 사람인가. 지금까지 모든 나이를 거치면서 살아온, 지금껏 두 눈을 통해 바깥세상을 내다보아 온 나란 사람은 과연 어떤 존재인가. 결코 변하지 않을, 평화로운 상태에서의 내 모습에 관해 생각해 보자.

그러기 위해선 우선 망망대해를 떠올려 보는 게 도움이 될 것이다. 육지 가까이에는 천둥 같은 소리를 내며 부서지는 집채만 한 파도와 흰 물결이 요동치고 있지만 저 멀리 바다 깊은 곳은 그저 한없이 고요하고 평화롭다. 설령 저 높은 곳에 폭풍이 지나가고 있다 하더라도. 생각은 마치 잔물결과 같다. 그런 생각들에 지나치게 집착하다 보면 당신의 정체성이 불안정해질 것이다. 생각의 유효기간은 짧기 때문이다.

가끔 내 삶에 폭풍우가 몰아치고 좋은 일이든 나쁜 일이든 어떤 일 때문에 감정의 소용돌이가 몰려오더라도 바다 저 깊은 곳에서 표면의 잔물결들을 올려다보는 상상을 하면 마음이 평온해진다. 깊은 바닷속은 바람과 날씨의 영향을 받지 않는다.

지금 내가 처한 상황을 3년 후에 돌아본다면 어떻게 보일지 상상해 보는 등 상황에 대해 어느 정도 거리를 두고 생각해 보려고 노력하는 것도 좋은 방법이다.

보다 폭넓은 관점에서 사물을 바라보는 자신의 모습에 더욱 가까이 닿아 있을수록 물결 같은 인생의 크고 작은 부침을 더욱 잘 헤쳐 나갈 수 있다. 이렇게 내면 깊은 곳에 정체성이 단단하게 뿌리내리고 있다면 더 이상 남들이 나를 어떻게 생각하는지 또는 나의 모습을 어떻게 바라보는지에 크게 휘둘리지 않게 될 것이다.

이렇게 내면 깊숙이 존재하는 자기는 '감독관으로서의 자기(supervisory self)', '관찰자로서의 자기', 또는 '가장 핵심적인 자기' 등 다양한 이름으로 불린다.

심리치료 및 시기 개발하기

오로지 자기 자신을 조금 더 이해하기 위해서 심리치료를 받는 사람들도 있다. 중립을 지키고 비밀을 보장하는 심리치료사 앞에서는 지금껏 감히 아무에게도 털어놓지 못했던 자신의 내밀한 부분을 드러낼 수 있는 용기를 얻을 수 있기 때문이다.

열여덟 살 때는 내가 어떤 사람인지 전혀 몰랐어요. 부모님은 자신들의 문제를 해결하느라 바빠서 내가 어떤 감정을 겪고 있는지, 내가 진짜 어떤 사람인지에 대해 진심 어린 관심을 보여 주지 않았죠. 진짜 내 모습은 아무도 몰랐어요. 심지어 나 스스로도 몰랐으니까요. 나는 남들이 나에 대해 나쁜 면을 발견하지 못하도록 하는 데 많은 시간과 에너지를 소모했어요. 그러다가 우울증에 걸릴 지경이 됐죠. 내가 그렇게 많은 비용을 들여 심리치료를 받게 된 이유는 내 문제들이 내 아이들에게까지 영향을 미친다는 사실을 알게 되었기 때문이에요.

처음 심리치료를 받으러 가기 전날에는 좀처럼 잠을 이룰 수가 없었어요. "당신의 보잘것없고 하찮은 문제들 때문에 내 귀중한 시간을 낭비할 수는 없어요." 심리치료사가 이렇게 말할까 봐 두려웠죠. 하지만 심리치료사는 나의 불안함과 외로움을 단번에 꿰뚫어보았고 자기를 찾아오길 정말 잘했다고 나를 다독여 주었어요. 나는 용기를 내서 개인적인 이야기를 점점 더 많이 하게 되었어요. 어떨 때는 나도 잘 몰랐던 바람과 의견을 털어놓기도 했고요. 누군가가 온전히 봐 주었을 때에야 비로소 그런 생각을 할 수 있게 되는 것 같아요.

심리치료사의 눈에 비친 내 모습이 점점 마음에 들었어요. 이후에는 상담 시간 외에도 나를 조금씩 더 드러내게 되었고 다른 사람들도 그런 내 모습을 좋아한다는 사실을 깨달았어요. 그 후로 몇 년간 여러 차례에 걸쳐 심리치료를 받은 덕에 이제 웬만한 일에는 동요하거나 흔들리지 않아요. "될 대로 되라지." 이렇게 말하는 게 예전보다 쉬워졌어요. 잇새에 시금치가 끼어 있는 채 시내를 돌아다녔다는 걸 뒤늦게 알게 되더라도 그게 뭐 어때요? 바보 같은 질문을 했다 하더라도 그게 뭐 어때서요? 예전에는 그런 일이 생기면 쥐구멍에라도 들어가서 숨고만 싶었을 텐데 이제는 어깨를 으쓱 하고 그냥 넘겨 버리죠. 이게 다 나에게 공감해 주고 미러링을 제공해 준 훌륭한 심리치료사들 덕분이에요. 그분들 덕에 마음 깊은 곳의 나 자신이 괜찮다는 것을 알게 됐어요.

말레네, 42세

상담을 통한 심리치료를 받으면 자기 인식을 넓히고 스스로를 불안하게 만드는 구멍들을 메울 수 있다. 자기 계발에 관한 강의도 마찬가지다. 어떤 집단에 참여하는 모든 사람이 완전한 비밀을 보장하기로 합의한다면 기존의 방식과 새로운 방식으로 자신을 표현하고, 있는 그대로의 모습을 보여도 안심할 수 있다. 또한 소정의 비용을 지불하고 이 집단에 참여했기 때문에 소외당하거나 배제될지 모른다는 두려움을 느끼지 않아도 된다. 그 집단의 다른 사람들에게 당신의 첫인상이 어땠는지에 대해서도 전혀 신경 쓸 필요가 없다.

☐ 나의 첫인상이 어땠는지에 대해 최소 세 사람에게 물어보자.

☐ 다른 사람과 함께 있는 나의 모습을 영상으로 찍어 보자. 이 영상을
관찰하고 연구하면서 밖에서 볼 때 내 모습이 어떠한지 알아보자.

☐ 거울 앞에 앉아 내 눈을 들여다보고 진심을 담아서 물어보자. "어떻게
지내?", "지금 네가 원하는 건 뭐야?" 최소 하루에 한 번은 그런 시간을
갖도록 하자.

Summary

나 자신을 더 깊이 이해할수록 수치심을 불러일으키는 상황에 효과적으로 대처할 수 있다. 만약 있는 그대로의 내 모습이 괜찮다는 확신과 자신감이 마음 깊은 곳에 있다면, 예를 들어 반쯤 알몸인 상태이거나 집이 엉망진창일 때 누가 갑자기 찾아오거나 어떤 시합에서 꼴찌를 하는 등 수치심을 유발할 수 있는 상황에 처하더라도 재빨리 안정을 되찾을 수 있다.

다른 사람에게 나에 대한 미러링을 부탁하거나 나의 모습을 영상으로 담아 보거나 스스로에게 친절하고 따뜻한 관심을 베풀면 나에 관해서 더 많은 것들을 알 수 있다.

7장

나의
수치심에
다가가는 법

내가 구체적으로 어떤 특징이나 상황에 대해 수치심을 느끼는지를 알면 자기감의 어떤 부분이 약한지를 찾아낼 수 있다.

수치심이 잔뜩 밀려오는 순간에는 긴장한 탓에 경직되고 최대한 빨리 숨거나 그 상황에서 달아나는 것 외에는 그 어떤 대응도 할 수 없다. 하지만 나의 수치심에 대해 거리를 두고 생각해 보면 여러 선택지가 존재한다는 것을 알 수 있다.

일단 수치심을 촉발한 상황을 해결해야겠다는 생각이 들 것이다. 만약 실직한 게 수치스럽다면 열심히 일자리를 찾아볼 것이고, 축구 시합을 할 때 양 팀에서 아무도 나를 뽑으려 하지 않는 것이 수치스럽다면 훈련을 더 열심히 해서 축구 실력을 키울 것이다. 또한 차가 지저분해서 수치심이 든다면 세차를 할 것이다. 이렇듯 수치심을 유발하는 상황에 변화를 주면 수치심이 완화되며 괜찮은 해결책 역할을 하기도 한다. 그런데 문제는 수치심이 너무 심해지면 삶의 다른 부분에까지 수치심이 전염된다는 것이다. 예를 들어, 살찐 모습이 수치스러워서 기어이 5킬로그램을 감량했더라도 그 이후에는 얼굴의 자글자글한 주름이나 아무리 애써도 깨끗하게 관리하기 어려운 손톱에 집착하게 될 수 있다.

또한 수치심을 유발하는 상황들 중에는 그 일을 피하려면 너무나도 큰 대가를 치러야 하는 경우도 있다. 만약 지는 것에 수치심을 느끼는 사람이라면 건강에 좋은 운동을 아예 시작하지 않을 수 있다. 불안해지는 것에 수치심을 느끼는 사람이라면 꼭 해야만 하는 중요한 말이 있더라도 낯선 사람들 앞에서는 입밖에 내지 않을 수도 있다. 또한 싱글로 지내는 것에 수치심을 느끼는 사람이라면 단지 혼자 있기 싫다는 이유로 자신과 맞지 않는 남자를 만나게 될 수도 있다. 이럴 경우, 그런 선택을 하는 대신 나 자신을 온전히 봐 주고 이해할 수 있도록 노력한다면 수치심에 대한 저항력을 키울 수 있고, 동시에 여러 측면을 개선하기 위한 노력도 할 수 있다.

수치심을 느낀 장면을 떠올리고 상상으로 해결하기

만약 부끄러워지거나 수치심이 들어서 떠올리고 싶지 않은 경험이 있다면 그와 비슷한 종류의 새로운 경험에 특히 약한 모습을 보이게 된다. 예를 들어, 운동장에서 무시를 당한 경험이 있고 지금껏 살아오면서 그 문제를 해결하지 못했다면 무시를 당하는 상황에서 자신을 지지하고 지원하기가 특히 어려워질 것이다.

만약 어린 시절에 다른 사람이 적대적이거나 깔보는 말투로 나를 대했고 그 상처가 아직 치유되지 않았다면 현재의 삶에서 그와 비슷한 일이 발생했을 때 미처 알아차리지 못할 수도 있다.

프로그래밍 강의를 들으러 갔다가 겪은 일이에요. 초급 프로

그래밍 강의라는 광고를 보고 간 건데 막상 수업을 들어 보니 초보자 수준의 강의가 아니었어요. 강사가 잘 모르는 용어들을 많이 사용해서 나도 질문을 많이 하게 됐어요. 한참을 그러고 나니 강사가 내 질문을 자꾸 무시하기 시작했어요. 때로는 체념한 듯한 표정으로 한숨을 쉬며 날카로운 목소리로 답변하곤 했죠. 수업을 듣고 나서 집에 왔는데 기분이 너무 안 좋아서 그날은 밤새 한숨도 못 잤어요.

엠마, 33세

만약 엠마가 지금껏 살아오면서 부당한 대우를 받는 고통을 겪어 본 적이 없었다면 아마도 강의에 뭔가 문제가 있고 강사의 말투가 부적절했다는 점을 단박에 알아차렸을 것이다. 하지만 어릴 때 남들한테 무시당한 적이 있고 그런 경험에 관한 문제를 해결하지 못했기 때문에 강사의 무례한 행동을 바로 알아차리지 못했고 오히려 자신에게 문제가 있는 건 아닌지 의구심을 갖게 됐다.

엠마가 자신의 가치에 대한 확신이 있었다면 그 강사가 자신에게 짜증내듯 말했을 때 어떻게든 대응했을 것이다. 그에게 맞서거나 또는 초급 강의에서 질문을 하는 건 당연하다고 항변할 수도 있었을 것이다. 내가 이해할 수 있는 말로 답변해 달라고 요구하거나 자리에서 일어나 강의실을 박차고 나올 수 있었을지도 모른다. 어쨌든 그 수업에서 별로 얻을 것도 없었을 테니까. 그러나 이와 비슷한 과거의 경험들이 떠올라 엠마의 마음을 뒤흔들었기 때문에 그녀는 얼어붙어서 아무 말도 하지 못했다. 그리고 다음 날이 돼서야 엠마는 자기 잘못이 아니라는 사실을 깨달았다.

만약 아직도 해결하지 못한 과거의 수치스러웠던 경험들이 너무나도 많다면 과부하가 걸려서 그와 비슷한 경험 때문에 수치심이 들 때 문제가 된다. "안 돼요." 또는 "그만하세요."라고 말함으로써 나 자신을 보호하는 대신, '왠지 모르지만 나한테 문제가 있나.' 하는 생각에 또다시 빠지게 되는 것이다. 자신의 경험들을 돌아보고 문제를 해결한다면 나의 잘못이 아니라는 것을 깨닫고 자존감을 높일 수 있다. 나에 대한 확신을 더욱 키우고 나 자신과 가까워지면 문제가 외부에 존재한다는 사실을 깨닫게 되고, 따라서 문제에 대처하거나 자신을 보호할 수 있다.

앞서 언급한 것처럼 수치심은 조화롭지 못한 상호작용에서 비롯된다. 관계에서 발생하는 문제는 반드시 관계 안에서 해결해야 한다. 하지만 그렇다고 해서 반드시 똑같은 관계 안에서 해결해야 하는 건 아니다. 새로운 관계를 통해 치유의 경험을 위한 기반을 마련할 수도 있다. 찾아보면 당신 곁에 애정 어린 눈길로 바라봐 줄 사람이 있을지도 모른다. 나의 수치스러운 부분을 털어놓고 그 사람의 눈에 비친 나의 모습을 미러링하고 그 사람이 나를 어떻게 대해 주는지를 지켜보면서 그런 부분이 치유되는 경험을 할 수 있다. 이런 과정을 거치면, 평생에 걸쳐서 겪어 온 조화롭지 못한 상호작용이 단 한 번의 상호작용으로 상쇄되기도 한다. 누군가가 따뜻하게 공감해 주고 내 마음 깊은 곳을 온전히 봐 준다면 말이다.

　　살찐 배가 부끄러워서 절대로 셔츠를 벗지 않던 시절이 있었어요. 내 적정 몸무게보다 한 9킬로그램은 더 나갔거든요. 살이 찌니까 걸을 때 땀이 더 많이 났는데 그런 모습마저 부끄러웠어요. 어느 무더운 여름날에 가든 파티에 갔는데 맥주 몇 잔을 마시고는 용기를 내 셔츠를 벗어 봤어요. 처음에는 너무나도 수치스러워서 땅바닥만 쳐다봤죠. 다른 사람들이 그다지 개의치 않고 계속 수다를 떠는 것 같기에 그제서야 마음이 조금 편해져서 고개를 들었어요. 아무도 내가 셔츠를 벗은 것을 알아차리지 못한 것 같더라고요. 오랜만에 시원하게 배를 드러내고 햇볕도 쬐고 바람도 쐬었죠.

카스페르, 48세

카스페르는 사람들이 그의 살찐 모습을 본다면 혐오스러워할 거라는 생각에 몇 년간이나 불안해하고 두려워했다. 마침내 용기를 내서 시도했을 때 아무도 자기를 공격하거나 버리지 않는다는 것을 깨달았다. 그래서 그는 이제 새로운 자유를 만끽할 수 있게 됐다.

지난 몇 년간 나는 피곤할 때면 사람들한테서 떨어져 거리를 뒀어요. 그런 행동이 너무나도 당연하고 자연스럽게 여겨져서 별생각 없이 그냥 무심코 그렇게 했죠. 드문 경우이긴 하지만 기운이 없는데도 사람들과 함께 있어야 하는 상황이라서 그 자리를 떠나지 못할 때는 수치심이 밀려왔어요. 마치 그들한테 줄 수 있는 게 아무것도 없는 것만 같았죠. 알몸이 된 것만 같았고 나에게 뭔가 문제가 있다는 생각이 들었죠. 그럴 때면 얼른 이 자리에서 벗어나서 혼자 있고 싶다는 생각만 머릿속에 가득했어요. 그래야만 나 자신을 추스르고 다시 침착하고 안정된 표정을 지을 수 있으니까요.

지금 내 곁에 있는 연인을 만났을 때 그는 내가 그와 함께 있을 때는 왜 피곤해하지 않는지 궁금해했어요. 그는 나를 격려하며 이렇게 말했죠. "내 말에 꼭 귀를 기울이지 않아도 괜찮아요. 나한테 말이 안 되는 것 같은 이야기를 해도 괜찮아요." 그러던 어느 날 저녁, 처음으로 함께 휴가를 보냈던 호텔에서 나는 무너져 내렸고 너무 지쳐서 울어 버렸어요. 그런 내 모습을 보고도 그 사람이 두려워하거나 달아나지 않고 오히려 우리 사이가 더 가까워진 걸 경험하고 나니 마음에 좀 더 여유가 생겼죠. 그 이후로 나 자신을 제어할 만한 에너지가 없을 때도 누군가와 함께 있는 것이 즐거울 수 있고 내 기운을 북돋아 줄 수 있다는 사실을 깨닫게 됐어요. 그 사람은 내가 힘이 넘치고 모든 일을 다 잘해 낼 때도, 피곤해할 때도 변함없이 나를 좋아해 줘요.

도르테, 52세

때로는 어떤 상황을 수없이 피하다 보면 왜 그런 상황에서 물러나고 싶은지 그 이유도 정확히 모른 채로 반사적으로 피하게 된다.

사라는 누군가가 선물을 거절하는 상황을 상상하기만 해도 수치심을 느낀다.

> 아들이 훌쩍 자라서 자전거가 작아졌는데 바퀴가 아직 꽤 쓸 만했어요. 문득 내가 어릴 때 자전거 바퀴로 고카트를 만들었던 기억이 났죠. 집 앞 놀이터에서 남자아이 몇 명이 놀고 있는 모습을 보았는데 이 자전거를 주면 재미있게 잘 가지고 놀 만한 나이로 보였어요. 그래서 그 아이들한테 자전거가 필요한지 물어보려다가 순간 멈칫했어요. 갑자기 마음이 서늘해졌고 평온하던 내면이 흔들렸어요. 마치 내가 발을 딛고 서 있는 바닥이 요동치는 것만 같았죠. 그렇게 마음이 힘들어지는 바람에 그 아이들에게 자전거를 주려던 걸 포기했어요.
>
> 사라, 38세

사라는 가끔씩 누군가에게 뭔가 주고 싶을 때 여러 핑계를 대면서 그런 마음을 억누르곤 한다. 오해를 살 수도 있고 상대방이 그 물건을 안 좋아할 수도 있고 이용당한다는 생각이 들어서 수치스러워할 수도 있다는 것이다.

만약 사라가 자신의 수치심을 없애고 싶다면 그렇게 스스로를 억누르지 말고 마음 가는 대로 최대한 많은 것들을 나눠 주어야 한다. 그러면 대다수의 사람들이 그녀의 너그러운 마음을 이해하고 알아준다는 것을 알게 될 것이다. 이렇게 새로운 긍정적인 경험들이 쌓이면 가끔은 물건을 받은 사람이 그다지 기뻐하지 않는다 하더라도 스스로를 충분히 방어하고 지킬 수 있다.

또한 사라는 누군가에게 뭔가 주고 싶은 경험을 다른 사람과 함께 나눌 수도 있다.

> 하루는 남자친구랑 레스토랑에 갔는데 내가 전부 다 계산하고 싶은 마음이 들었어요. 하지만 만약 남자친구가 싫다고 하면 내가 상처받을 거라는 걸 알았죠. 그래서 고집을 피우는 대신에 그에게 내 생각을 솔직하게 말했어요. "오늘은 내가 내고 싶어. 너 요즘 빠듯하잖아. 네가 기뻐하는 모습을 보고 싶어." 그런 말을 하고 나니 멋쩍은 기분이 들었고 남자친구가 어떤 반응을 보일지 너무나도 긴장됐어요. 남자친구

도 나의 그런 모습을 알아차렸는지 다행히 이렇게 대답했어요. "아, 네 마음이 그렇다는 거구나." 그러고는 미소를 지으며 따뜻한 눈빛으로 나를 바라보았죠. 그걸 보니까 남자친구가 나의 제안을 받아들일지 아닐지 여부는 중요한 게 아니라는 생각이 들었어요.

사라, 38세

사라가 수치심을 느끼게 된 진정한 원인으로 작용했던, 누군가에게 뭔가 주고 싶은 마음이 친절로 보답을 받은 것이다. 사라는 그런 마음이 들어도 진짜로 괜찮다는 걸 경험했다. 이제는 방어막이 생겨서 누군가에게 뭔가 줄 때 나에게 문제가 있다는 생각에 빠져들지 않을 수 있다. 그리고 내가 준 선물을 다른 사람이 받지 않더라도 자신의 선한 의도를 떠올리며 스스로에 대한 사랑을 잃지 않을 수 있게 됐다.

게르다는 어린 시절에 슬픈 일이 생겼을 때 미러링을 전혀 받지 못했다. 그녀의 부모님은 오히려 그런 딸의 모습을 못마땅하게 여겼고 징징거리지 말라고 했다. 그 결과 게르다는 나중에 어른이 되어서도 기분이 안 좋을 때 스스로를 다독이는 방법을 몰라서 심각한 문제를 겪게 되었다. 게르다처럼 자신의 감정을 긍정적으로 여기지 않으면 가깝고 친밀한 관계를 잘 꾸려 나가기가 어렵다.

상담치료를 받기 전까지는 다른 사람과 긴 시간을 함께 보내는 것이 힘들었어요. 쉽게 지치곤 했고 혼자 있고만 싶었죠. 때로는 곁에 있는 사람들을 잃을까 봐 두려워서 그런 제한을 두지 않기도 했지만 그러다가 결국에는 녹초가 되어 버려서 정말 사소한 일에도 울곤 했어요. 최대한 눈물을 감추기 위해 애쓰다 보니 마음이 너무나도 불안정해졌고 혼자 남겨지는 게 두려워졌어요. 남들이 알아채기 전에 몰래 살금살금 도망가 버리고 싶었죠. 그러면 혼자 있을 수 있고 내가 속상해하는 모습을 아무한테도 보이지 않을 수 있으니까요.

나는 우울증 때문에 상담치료를 받게 됐어요. 상담치료사에게 내 안의 여러 면을 보여 주었고 때로는 눈물도 흘렸죠. 다행히 상담치료사가 정말 따뜻하게 대해 줬어요. 하지만 그래도 마음이 아팠어요. 내가 어린 시절에 속상한 기분이 들었을 때 누군가 이렇게 대해 줬다면 좋았을 텐데, 하는 생각이 들었죠. 수없이 많은 감정들이 마음속에 하나씩 밀려왔어요. 부모님의 행동 때문에 상처를 받았고 나에게 뭔가 문제가 있다고 생각하게 되었다는 게 화가 났죠. 내가 가족들한테서 받은 게 거의 없다는 사실을 깨닫자 정말 슬프고 속상했어요. 몇 년이 지나고 나서야 서서히 새로운 내 모습을 찾았어요. 기분이 속상할 때면 혼자 있고 싶은 마음 속에 다른 감정이 숨어 있다는 것을 알게 됐죠. 사실 내 마음 깊은 곳에서는 다른 사람의 따뜻한 온기를 간절히 느끼고 싶었던 거예요.

게르다, 57세

게르다가 몇 년씩이나 상담치료를 받게 된 이유는 무엇일까? 실제로는 부모님이 자기가 어릴 때 생각했던 것만큼 유능하지는 않았다는 사실을 인정하는 건 상당히 두렵고 어려운 일이다. 또한 자신의 유년 시절이 얼마나 비참했는지를 깨달은 후에 느끼는 슬픔을 다독여 주려면 어느 정도 시간이 걸린다. 한꺼번에 밀려오는 여러 감정들을 진정시키고 자신에 대한 인식을 새로 정립하기 위해서는 충분한 시간이 필요하다.

만약 굶주린 개를 동물보호소로 데려왔다고 가정해 보자. 언뜻 보면 당장 먹을 것을 많이 줘야 한다고 생각하기 쉽지만 사실 그런 상태의 개는 많은 음식을 소화시킬 수 없다. 따라서 일단 처음에는 한번에 티스푼 한 숟가락 정도의 적은 양을 제공해야 한다. 사랑에 굶주린 사람의 경우도 마찬가지다. 그런 사람에게 한없이 큰 사랑이 필요하다고 생각하겠지만 실제로는 그렇게 많은 사랑을 감당하지 못한다. 따라서 적은 양의 사랑을 소화하는 것부터 시작해야 한다. 그래서 때로는 장기간에 걸친 상담치료가 필요하며 사랑에 목마른 사람에게는 연애 관계가 더욱 어렵게 느껴질 수 있다.

한때 일이 잘 안 풀리던 시기에 나는 자기 계발을 위해 나갔던 한 모임에서 알게 된 어떤 사람을 위해 진정으로 기뻐해 주지 못했던 적이 있다. 그녀는 자기가 만나는 사람과의 친밀한 관계에 대해 이야기하며 행복해했는데 그런 모습을 지켜보는 것이 나에게는 상처가 됐다. 그때 나는 그런 애정 관계를 너무나도 갈망했지만 영영 얻지 못할 것만 같아 체념에 빠진 상태였다. 나는 애써 용기를 내 그 당시 우리 모임을 이끌어 주었던 목사 겸 심리치료사인 벤트 포크(Bent Falk)에게 속마음을 털어놓았다. 그는 나에게 이렇게 말해 보라고 했다. "정말 잘됐네요. 나도 기뻐요. 하지만 동시에 가슴을 찌르는 듯한 고통도 느껴져요. 나한테도 그런 사람이 있으면 좋겠어요." 하지만 나는 이렇게 대답했다. "그렇게 말할 수는 있겠지만 거짓말인 걸요. 제가 느끼는 감정은 고통뿐이니까요."

"안쓰럽기도 해라." 그는 연민 어린 표정을 지었다. "그렇게나 속상한 기분이 드는 거군요."

나는 그의 말에 귀를 기울였고 그의 애정 어린 눈빛 속에 나 자신을 비추어 보았다. 그러고 나니 방금 전까지만 해도 스스로를 혐오하게 만들었던 감정들을 이제는 인정하고 받아들일 수 있게 됐다.

누군가에게 이야기하기

수치심은 누군가에게 털어놓으면 치유된다. 단, 애정 어린 눈빛이 꼭 필요하다. 누군가에게 나의 고통에 관한 이야기를 털어놓았을 때 그 사람이 부정적인 반응을 보이거나 나를 외면하지 않고 그 이야기를 감당하고 들어 주는 상황을 경험하는 것이 중요하다. 만약 나의 수치심을 드러냈는데 그 이야기를 듣고 있던 사람이 눈을 피하거나 비판적인 말을 한다면 그런 이야기를 털어놓기 전보다 오히려 더 기분이 안 좋아질 가능성이 크다.

따라서 수치심을 드러낼 때는 그 이야기를 듣기에 적합한 상대를 고르는 것이 중요하다. 여러 해 동안 나를 가르쳐 주었던 벤트 포크에게 나의 질투심에 관해 이야기할 수 있었던 이유는 지난 경험들을 통해 그를 신뢰할 수 있다는 확신이 들었기 때문이다.

또한 때로는 전문가에게 이런 이야기를 털어놓는 게 도움이 된다. 만약 내가 어머니 앞에서 그런 이야기를 꺼냈다면 아마도 나의 수치심이 어머니한테까지 영향을 줘서 다른 사람의 행복에 대해 진정으로 기뻐하지 못하는 딸을 수치스러워했을지도 모른다. 어머니는 어쩌면 이렇게 말했을 수도 있다. "그런 마음을 이겨내야지." "진심으로 축하해 줄 수 있도록 애써 볼 수는 없겠니?" 그랬다면 내 기분은 더욱 가라앉았을 것이다.

수치심이 밀려올 때 나와 가장 가까운 사람들에게는 그런 이야기를 하지 않는 편이 더 나을 수도 있다. 수치심이 전염돼 그들까지도 똑같이 어쩔 줄 몰라 하거나 어리석은 말을 하게 될 수도 있기 때문이다. 어쩌면 여동생까지도 그런 언니를 두었다는 사실을 수치스러워할지 모른다…….

또한 어떤 사람들은 그 이야기를 듣고 견디기 힘들어할 수도 있다. 그들 역시 비슷한 상황에 대해 수치심을 느끼기 때문에 자신의 수치심이 깨어나서 기분이 나빠졌기 때문이다.

한편 적당한 때를 택하는 것도 중요하다. 만약 상대가 스트레스가 심하거나 자기 인생에서 벌어지는 일들 때문에 상당히 바쁜 상황이라면 무심한 반응을 보일 수도 있다. 자기 일만으로도 머릿속이 가득 차 다른 사람의 이야기에 온전히 관심을 기울일 수 없기 때문이다.

만약 내가 가장 약한 모습일 때 따뜻하게 감싸 줄 수 있는 사람이 주변에 없다면 자신의 비밀을 심리상담사나 심리학자에게 털어놓는 것부터 시작해 보자. 그러면 최소한 전문적인 도움을 받을 수 있기 때문이다. 또한 자신의 갈망과 욕구에 대한 수치심과 관련해 안전망을 마련하는 데도 도움이 될 것이다.

자신의 경험을 여러 사람과 함께 나누다 보면 치유 과정이 더욱 단단해질 것이다. 하지만 때로는 단 한 사람만으로도 충분하다.

붙인해질 때는 작은 일부터 시식하기

수치심을 느낄 때는 너무 고통스러워서 그런 감정을 털어놓는 게 불가능하게 여겨질 수 있다. 하지만 다음과 같은 방법을 시도해 본다면 서서히 용기를 낼 수 있을 것이다.

1. 돌아가신 할머니처럼 세상을 떠난 소중한 사람에게 나의 수치심에 관한 편지를 써 보자. 함께 있을 때 전적으로 믿고 안심할 수 있었던 사람이어야 한다.

2. 심리분석가, 의사, 잘 모르는 사람, 온라인에서 익명으로 소통할 수 있는 상담전문가 등 잃어도 두렵지 않은 사람에게 그런 이야기를 해 보아라.

3. 나에게 중요한 사람에게 그 이야기에 관한 편지를 써 보아라. 다만 그 편지를 실제로 부치지는 마라.

4. 반려자처럼 나와 가까운 사람에게 그런 이야기를 살짝 털어놓아라. 처음에는 마치 오래전에 겪었던 일처럼 "예전에 나한테 이런 일이 있었는데……." 하고 운을 띄워 본다면 스스로 거리를 둘 수 있고 걱정이나 두려움을 줄일 수 있다. 상대방이 그 이야기에 귀를 기울여 주고 따뜻한 태도를 보인다면 용기를 내서 이렇게 말해 보자. "사실은 얼마 전에 있었던 일이야."

다시 말해, 가장 쉬운 방법부터 단계별로 접근하라는 것이다. 자기가 수치심을 느끼는 비밀을 털어놓는 데서 오는 해방감을 경험하면 수치심과 자기 억압에 맞서 싸울 때도 도움이될 것이다. 앞에서 언급한 네 가지 단계를 모두 실천하지는 않아도 된다. 어떤 방법을 먼저 시도하든 그 순서 또한 상관없다. 나한테 가장 수월해 보이는 것부터 시작하면 된다. 처음에는 한 가지만 골라서 시작하는 게 가장 쉽다. 일단 그렇게 시작하고 나면 나머지 과정은 자연스럽게 이어진다.

그러면 이번에는 단계적 접근방식을 활용한 사례들을 구체적으로 살펴보자.

언어 폭력으로 인한 수치심

몇 년 전에 동료들 앞에서 크게 혼난 적이 있어요. 너무 큰 충격을 받은 나머지 제대로 말을 할 수조차 없었죠. 식은땀이났고 그때 내가 먹고 있던 쿠키가 점점 부풀어 오르는 것 같은 기분이 들었어요. 온몸이 마비되어 버린 것만 같았거든요. 그런 일이 있은 후로 경계심이 높아졌고 점점 더 많은 일들을 혼자 마음속에만 담아 두게 됐어요. 그 일에 대해서는 아무한테도 말하지 않았죠. 누군가에게 털어놓을 수 있으면 좋겠다고 생각만 했어요. 너무 부끄러워서 도저히 그런 이야기를 꺼낼 수가 없었거든요.

그러다가 단계별 접근법을 알게 됐고 한번 시도해 보기로 결심했죠. 우선 나에게 항상 다정하게 대해 주었던, 지금은 돌아가신 이모에게 그 일에 관한 편지를 써 보았어요. 편지를 쓰는 동안 울컥하더라고요.

그런 다음에는 세인트 니콜라이(덴마크의 코펜하겐 교구에서 시작된 전화 상담 서비스 - 옮긴이)의 상담전문가에게 익명으로 전화를 걸어 보기로 했어요. 좀처럼 용기가 나질 않아서 레드와인을 반병 정도 마신 후에야 겨우 전화번호를 누를 수 있었죠. 젊은 남자가 전화를 받았는데 말없이 내 이야기를 들어 주더라고요. 그는 내가 혼나게 된 이유였던 나의 실수를 비난하지 않았어요. 오히려 그런 일을 겪은 내가 안 됐다고 말해 줬죠.

그 일에 관해 털어놓고 나니까 마음이 정말 후련했고 용기도 얻었어요. 공감 받지 못 할까 봐 걱정되긴 했지만 남자친구한테도 그 이야기를 털어놓기로 결심했어요. 단둘이 편안한 시간을 보낼 때 말하는 게 좋겠다고 생각했죠. 나란히 소파에 앉아서 TV를 켜기 전에 그에게 잠깐 기다려 줄 수 있냐고 물어봤어요. 남자친구는 내가 뭔가 진지한 이야기를 꺼낼 거라는 걸 곧바로 알아차렸고 가만히 나를 바라봤죠. 처음에는 무슨 말부터 꺼내야 할지 몰랐어요. 이야기를 시작했다가 도중에 멈추고 또 다른 부분에서 다시 이야기를 이어 갔어요. 그는 내 손을 잡아 줬고 나는 눈물을 흘리기 시작했어요. 그는 팔로 내 어깨를 감싸 주었어요. 나는 흐느끼면서 그 이야기를 끝까지 다 했죠. "정말 힘들었겠다. 상사가 부끄러운 줄 알아야 할 것 같아. 나도 항상 까먹곤 하는걸. 누구든 실수할 때가 있는 거잖아."

그러고 나니까 내 마음속 응어리가 풀리기 시작했어요. 그 후로 며칠씩이나 기분이 좋았고 오랜만에 자연스럽고 편안하게 지낼 수 있었어요. 나의 느긋하고 유쾌한 모습이 한동안 사라졌다가 그제서야 다시 돌아온 것 같았어요.

카렌, 29세

기운과 체력이 부족한 것에 대한 수치심

우리 팀 동료들에게 정말 감사한 마음이 들어요. 소속감이 느껴지고 우리 팀의 일원이라는 사실이 기분 좋아요. 하지만 나는 다른 동료들만큼 원기 왕성하지가 않아요. 사소한 일에도 균형이 깨져서 흔들리죠. 가끔 퇴근 후에 회식을 할 때가 있는데 나한테는 쉽지 않아요. 하루종일 일하고 피곤해지면 조용히 쉬어야 하거든요. 나도 팀원들과 어울려서 잘 지내고 싶어요. 하지만 항상 제일 먼저 일어나 집에 가게 돼요.

처음에는 내가 일찍 가야 한다는 사실이 부끄러웠어요. 아무도 모르게 조용히 빠져나가고 싶었죠. 집에 가야겠다고 결심했을 때 너무나도 피곤한 나머지 하마터면 눈물이 날 뻔했어요. 다른 사람들만큼 오래 버티지 못해 기분이 울적해졌죠. 만약 동료들 중에서 누가 잘 가라며 안아 줬다면 나는 일그러진 표정을 지었을 거예요. 그러면 더 부끄러워졌겠죠. 하지만 인사를 하지 않고 몰래 나가는 것도 부끄러웠어요.

누군가 나에게 단계별 접근법에 대해 알려 줬고, 나는 용기를 내서 문제를 해결해 보기로 결심했어요. 우선 내가 얼마나 부끄러웠는지에 관해 동료들에게 편지를 써 보았어요. 실제로 전달하려는 건 아니었고 그냥 나 자신을 위해서 쓴 편지였어요. 단지 편지를 쓰는 것만으로도 부담이 줄어드는 기분이 들었어요. 편지를 다 쓰고 난 후에는 며칠간 치워 두었다가 다시 꺼내서 읽어 봤어요. 갑자기 이 모든 게 사실은 별일 아니었다는 생각이 들더라고요. 뭐 내가 법을 어기거나 끔찍한 일을 저지른 것도 아니니까요.

나는 동료들한테 이 이야기를 털어놓기로 했어요. 몇 주가 흘렀고 가장 기분이 좋은 날에 적절한 상황을 찾아냈죠. 그냥 곧바로 털어놓고 뭐가 문제인지 알려야겠다고 생각했어요. 그런데 몇 마디 꺼내자마자 눈물이 났고 목소리가 가늘게 떨리기 시작했어요. 그런 모습 때문에 사람들이 내 이야기를 더 신뢰해 주었는지도 모르겠어요. 동료들은 진심으로 이해해 줬죠. 평소에 때때로 내가 얼마나 피곤하고 지쳐 보였는지 그들도 알고 있었고 이제 이 문제에 대해서 툭 터놓고 함께 이야기할 수 있어서 좋다고 말해 줬어요. 내가 용기를 내기 어려울 때는 인사를 하지 않고 집에 가도 괜찮다고 모두가 이야기해 줬어요. 이제는 내가 왜 그런 행동을 하는지 다들 알았죠. 어느 친절한 동료는 내가 집에 갈 때 꼭 안아 주고 싶다고, 혹시 내가 울더라도 정말 괜찮다고 이야기해 줬어요. 그녀는 내가 다른 사람들보다 일찍 자리를 떠나야 해서 속상해한다는 걸 이해했어요. 그런 말을 듣고 나니 마음이 한없이 가벼워지더라고요.

비르기테, 32세

우리가 수치심을 느끼는 바로 그 지점에서 누군가가 온전히 우리를 보아 준다면 수치심에서 벗어날 수 있다.

이처럼 치유를 경험하는 데 있어 결코 늦은 때란 없다. 나를 온전히 바라봐 주는 가깝고 친밀한 사람에게 내가 수치심을 느끼는 부분을 드러내서 보여 주면 새롭고 중요한 경험을 할 수 있다. 또한 수치심이 들 때 누군가의 눈빛 속에서 내가 인정받는 기분이 들면 자기감에 생긴 황량한 구멍들에 다시 생기가 돌아와서 또 다른 모습이 자라나고 번성할 수 있게 된다.

☐ 나의 삶에서 수치스러운 것들이나 사건들을 적어 보고 나를 나타내는 그림에 하나씩 그려 넣어 보자. 3장(73쪽)을 참고해서 자기감에 구멍이 난 그림에 대한 기억을 되살려 보아도 좋다. 수치심이 드는 모든 상황을 다 적을 필요는 없다. 그냥 몇 가지 상황을 떠올려서 적어 보자.

미나의 그림은 다음과 같다.

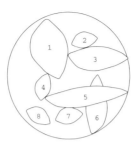

1. 내가 피곤해 보일 때
2. 머릿결이 기름기로 번들거릴 때
3. 무슨 말을 해야 할지 몰라서 한참 동안 입을 다물고 있었을 때
4. 나의 제안이 거절당했을 때
5. 우리 아이가 친구들과 사이좋게 어울리지 못하고 한바탕 소란을 피웠을 때
6. 우리 집에 초대한 손님들이 이제 그만 집에 가 줬으면 좋겠다는 생각이 들 때
7. 웃겨 보려고 했는데 아무도 안 웃었을 때
8. 5학년 때 친구들한테 괴롭힘을 당했을 때

☐ 내 그림 속에서 수치심이 드는 상황 하나를 골라 구체적인 상황을 떠올려 보고, 누군가에게 그 상황과 그때 느꼈던 수치심에 대해서 어떻게 이야기하면 좋을지 생각해 보자. 단계별 접근법 (149쪽) 중 하나를 골라서 실제로 해 보자.

Summary

대다수의 사람들은 수치심이 들면 그런 일을 잊어버리고 애써 억누르고 싶어한다. 하지만 더 큰 내적 자유를 얻고 싶다면 이와는 반대로 행동해야 한다. 새로운 치유법을 시도해 보면 도움이 될 것이다. 수치심을 해결하기 위해 노력하면 할수록 훗날 수치심에 대처해야 할 새로운 상황에서 자존감과 저항력이 더욱 강해진다.

내가 수치스러워하는 일을 솔직하게 털어놓고 그 문제를 해결하기 위해 노력한다면 점차 더 큰 내적 자유를 누릴 수 있다. 불안과 걱정이 줄어들고 사람들과 어울려야 하는 상황이 예전만큼 심한 스트레스로 여겨지지 않게 될 것이다.

8장

주변에
둘 사람
선별하는 법

수치심에서 좀 더 자유로워지고 싶다면 내 곁에 있는 사람들에 대해 곰곰이 생각해 볼 필요가 있다. 훌륭한 롤 모델이 되어 주고, 나의 가장 좋은 모습을 이끌어 내 주는 사람들과 함께 더 많은 시간을 보낼수록 좋다. 반면 나의 수치심을 쉽게 촉발시키는 사람들을 곁에 두면 경계심을 갖게 되고 더 많은 벽을 쌓아야겠다는 생각을 하게 된다.

만약 당신이 부정적인 비판에 예민하다면 주변 사람들 중에서 누군가가 그런 면을 이용할지도 모른다. 나한테 뭔가 문제가 있다는 생각이 들게 만드는 법을 아는 사람은 나를 손쉽게 이용할 수 있다. 어쩌면 당신은 누가 아주 조금이라도 당신에게 문제가 있을지도 모른다는 생각을 내비치면 곧바로 그 사람의 의견에 동조하는 편일지도 모른다.

만약 당신이 어떤 파티에 가지 않기로 했는데 누가 "너 진짜 재미없다."라고 말한다면 왠지 마음을 바꿔야만 할 것 같은 생각이 들 수 있다.

다른 사람들의 말 중 특히 이런 말에 유의해야 한다거나 하는 식의 정해진 규칙은 없다. 누군가 수치심을 느끼게 만들 방법은 한없이 많다.

다음과 같은 말들은 그런 사례 중 지극히 일부다.

"그동안 내가 너한테 얼마나 잘해 줬는데 너도 나한테 조금은 고마워해야 하는 거 아냐?"

"너는 그럴 권리가 없어."

"다른 사람들이 도대체 너를 어떻게 생각하겠어?"

"나라면 네가 저지른 그런 일은 절대로 못했을 거야."

"너 진짜 이런 사람이었어?"

"말 다 했어?"

"그 일에 대해서 속상해할/걱정할/화낼 필요가 없어."

"네가 그런 말을 했다니 믿기지가 않아."

"너 정말 아직도 그런 기분이 들어?"

"이해가 안 가. 나는 한 번도 그런 기분을 느껴 본 적이 없거든."

"너 이만큼도 감당 못하는 거야? 진짜로?"

"네가 그런 사람인 줄 몰랐어."

(이 중에는 정말 놀란 듯 긍정적인 태도로 말한다면 수치심을 유발하지 않을 수 있는 문장도 포함돼 있다.)

이처럼 수치심을 불러일으키는 말들의 공통점은 한 인간으로서 당신에게 뭔가 문제가 있다는 것을 넌지시 암시하거나 직접적으로 언급한다는 것이다. 예를 들어, "친절을 좀 베풀어 봐. 나를 위해서 이 일을 해 줄 수 있겠어?"라거나 "너는 좋은 사람이잖아. 이리 와서 좀 도와줘."처럼 긍정적인 성격을 먼저 묘사한 후에 부탁을 하는 것 또한 내가 원하거나 여력이 되는 것보다 더 많은 일을 하게 자극한다. 만약 그런 부탁을 거절하게 되면 나는 친절하지 않은 사람, 좋은 사람이 아닌 사람이 되고 말기 때문이다.

때로는 말을 하지 않더라도 수치심을 유발할 수 있다. 특정 표정을 짓거나 머리를 살짝 가로젓거나 눈을 흘기기만 해도 곧바로 수치심 반응이 일어나 자신에게 뭔가 문제가 있는 게 아닌가 걱정하게 된다. 또한 수치심 반응이 발생하면 자신이 설정한 한계를 다른 사람에 맞춰서 변경해야 할 필요가 있는지 재고하게 된다.

예전에는 수치심을 자녀 양육에 적용하기도 했다. 수치심을 이용하면 타인의 협조를 얻기가 수월하기 때문이다. 1960~70년대에 내가 덴마크 북단의 벤쉬셀에서 자랄 때도 마찬가지였다. 어른들은 아이가 수치심을 느끼게 만들었고 아이한테 구석에 서 있는 벌을 주었다.

예를 들어, 어머니가 화났을 때 내가 잠자코 입을 다물고 있으면 어머니는 "남들은 네가 생각이 아예 없는 줄 안다고." 이렇게 이야기하곤 했다. 어머니는 수치심의 영향 속에서 자랐고, 나에게도 같은 무기를 사용했다. 하지만 그게 내 인생에 얼마나 악영향을 미쳤는지는 아마 잘 모를 것이다. 어머니 방식대로 살아가는 법을 배우는 게 나한테 가장 좋은 길이라고 생각했을 테니까.

의도적으로 수치심을 유발하는 말을 간파하고 완화시키는 건 매우 어려운 일이다. 특히 어머니처럼 정말 가까운 사람이 그런 말을 한다면 더더욱 그렇다. 나는 이 문제에 관해 어머니에게 감히 맞서지 못했다. 하지만 나는 수치심으로 당신을 조종하려는 사람들을 그대로 내버려 두어서는 안 된다고 조언하고 싶다. 예를 들어, 그런 사람들에게 건설적인 비판이 아니면 듣지 않겠다고 말할 수 있고, 기분이 나빠지면 언제든 자리를 떠날 수 있어야 한다. 하지만 만약 당신이 선한 의도를 갖고 어떤 사람과의 관계에서 경계를 설정하지 않았다고 해도 나는 충분히 이해할 수 있다. 정말 가까운 사람에게 안 된다는 말을 한다는 게 때로는 불가능한 것처럼 여겨지기도 하니까.

가속으로부터 받은 수치심일 때

인간관계 안의 조화롭지 못한 상호작용은 여러 세대에 걸쳐서 대물림될 수 있다. 그 결과로 나타나는 수치심 또한 마찬가지다. 아마도 부모 중 한 사람 또는 두 사람 모두 당신이 지금 수치심을 느끼는 일들에 대해 똑같이 수치심을 느낄 것이다. 부모의 부모, 그 위의 부모까지도 마찬가지다. 만약 당신의 어머니가 어린 시절 두려움을 느꼈을 때 아무도 공감해 주지 않았고 평생 이 문제를 해결하지 못했다면 당신이 두려움을 드러낼 때 어머니 또한 당신의 파장에 맞춰 줄 수 없다. 이런 과정을 통해 당신은 가족의 수치심을 물려받게 되는 것이다.

만약 당신이 수치심을 흔히 겪는 집안에서 자라났다면 수치심에 맞서 싸울 용기를 찾아 헤맬 때 부모와 조부모는 그리 훌륭한 롤 모델이 되어 주지 못할 것이다. 자신을 이해하고 받아들이기 위해서 노력하는 동안 당신이 어떤 사람인지를 용기 있게 드러낼 수 있는 방법을 알려 줄 수 있는 대안적인 롤 모델이 필요하다.

롤 모델 찾기

수치심은 전염된다. 만약 개인적인 부분을 드러내는 데 매우 신중한 사람들 곁에서 지내다 보면 아마 당신도 신중한 태도를 지니게 될 것이다. 하지만 용기도 전염될 수 있다. 나에게 조금만 용기가 있었다면 할 수 있었을 일을 누군가 실제 행동으로 옮기는 모습을 보게 되는 건 상당히 큰 도움이 된다. 예를 들어, 다른 사람이 줄넘기 하는 모습을 보면 나의 뇌 안에서 똑같은 동작을 관장하는 부위가 마치 내가 직접 줄넘기를 할 때처럼 활성화된다.

감정 표현에도 이 같은 원칙이 적용된다. 만약 내가 다른 사람과 가까워지고 싶은 마음을 수치스럽게 느낀다면, 어떤 사람이 다른 사람과 가깝게 지내고 싶은 욕망을 자연스럽게 표출하는 모습을 보게 됐을 때 심리적 불편을 느낄 수 있다. 하지만 만약 내가 다른 사람이 정서적으로 가까이 다가올 수 있도록 마음을 열었을 때 얼마나 많은 것들을 얻을 수 있는지 알게 된다면 나도 그렇게 하는 데 한 발짝 더 가까이 다가가게 될 것이다.

이처럼 나보다 수치심을 적게 경험하는 사람들, 내가 수치스럽게 여기는 일을 마음 편히 해 낼 수 있는 사람들과 함께 지내다 보면 성장과 자기 계발을 위한 기회를 얻게 된다. 만약 내가 노래를 완벽하게 잘 부르지 못하기 때문에 노래하는 것에 대해 수치심을 느낀다면, 실수 따윈 무시한 채 큰 소리로 고래고래 노래를 부르는 사람과 함께 있는 것이 순간적으로는 불편할 수 있다. 하지만 여기서 성장을 위한 좋은 계기를 얻을 수 있다. '나는 왜 나 스스로를 억제하는 걸까?' 하는 의문을 갖고, 다른 사람이 마음껏 노래를 즐겨도 누군가 그를 무시하거나 조롱하는 등의 나쁜 일은 일어나지 않는다는 사실을 깨닫는 것이다. 그렇게 자유롭게 마음껏 노래를 부르는 사람의 마음을 앎으로써 나 역시 그렇게 할 수 있게 된다. 그런 의미에서 그룹 치료는 상당히 효과적이다. 때로는 다른 사람이 그 문제를 극복해 내는 모습을 지켜보는 것만으로도 억제와 불안, 수치심을 모두 느슨하게 내려놓을 수 있게 된다. 그리고 앞에 나와서 내가 어떤 사람인지를 더 드러낼 수 있게 된다.

내가 결코 지지 받아 본 적 없는 부분을 드러내는 사람을 지켜보는 것, 그 자체가 자기감에 생긴 구멍에 대한 치료법이 될 수 있다. 좋은 모델을 찾아내고 그런 사람들과 함께 시간을 보내는 것은 상당한 도움이 된다. 물론 실제 삶 속에서 그런 사람들을 찾아내는 것이 가장 좋겠지만 여의치 않을 때는 TV를 통해서 그런 사람들을 관찰하는 것도 어느 정도는 도움이 된다.

내면의 소리에 귀 기울이기

우리의 생각 안에 어떤 사람들이 머물게 하는가가 중요하다. 나는 목사이자 심리치료사인 벤트 포크와 함께 많은 시간을 보낼 수 있었던 걸 정말 다행스럽게 생각한다. 나한테 뭔가 문제가 생겼다는 생각이 들면 나는 마음속으로 그를 상상해서 불러낸다. 그러면 그가 이렇게 말하는 소리가 들린다. "어쩔 수 없지." 너그러운 그의 표정이 눈앞에 보이는 것만 같고 그의 존재가 강하게 느껴지는 듯한 기분이 든다. 마음이 편안해지고 심호흡을 하면 다시 내 몸 안에 살아 숨 쉬는 나를 느낄 수 있다. 내 인생에서 중요한 사람들이 때때로 마음속에 등장해서 나를 비난하거나 지지하기도 한다. 부모 또는 스승일 수도 있고 심리치료사나 친구일 수도 있다. 어쩌면 그들은 이런 말을 할지도 모른다. "넌 할 수 있어." 아니면 "이것보다 더 잘할 수 있었을 텐데."

만약 어떤 사람이 당신을 과도하게 비난하고 비판한다면 그런 비판의 내용을 종이에 적어 본 다음 친구와 함께 이야기를 나누어 보아라. 그러면 아마도 혹독한 비판의 내용이 다소 누그러지게 될 것이다. 만약 당신이 긍정적인 목소리에 집중하고 매번 어디서 그런 목소리가 들려오는지를 기억한다면 그런 긍정적인 목소리가 내면에 자리 잡을 가능성이 상당히 크다.

☐ 나의 인간관계를 면밀히 살펴보아라. 그중에서 나에게 건강한 미러링을 제공한 사람은 누구일까?

☐ 곰곰이 생각해 보면 그런 사람을 더 많이 떠올릴 수 있지 않을까? 길을 걷다가 나를 보고 미소를 지어 주는 이웃? 친절한 눈빛으로 나를 바라봐 준 버스 운전기사 또는 마트 직원? 그렇다면 그들에게 나는 어떤 모습으로 보일까?

☐ 솔직하고 열린 태도를 지니고 있고 설령 실수를 저질렀을 때도 자기 자신을 지지하고 옹호할 수 있는 사람을 알고 있는가? TV에서 본 사람인가? 그런 사람을 보면서 내가 만약 그 사람이라면 어떨지, 어떤 행동을 하게 될지 상상해 보자.

Summary

만약 자신의 내적 지지에 생겨난 구멍을 메울 수 있기를 바란다면 내가 아직 익히지 못한 일을 할 수 있는 사람들을 곁에 두는 것이 좋다. 예를 들어, 대단한 용기를 지닌 사람이나 장점과 단점을 모두 포함해서 자신의 성격 대부분을 진심으로 편하게 받아들이는 사람들 말이다. 내가 하고 싶은 일을 실제로 할 수 있는 사람들을 관찰하면 상당히 큰 도움이 된다. 내가 수치심을 느끼는 대상은 우연히 정해진 것이 아니다. 내가 속한 문화에 의해서 형성되거나 조부모에서 부모, 그리고 나에게 이르기까지 전해 내려온 것들에 의해서 형성되기도 한다. 수치심은 여러 세대에 걸쳐서 대물림된다. 나의 부모와 조부모는 아마도 내가 수치심을 느끼는 일들에 대해서 똑같이 수치심을 느낄 가능성이 높다. 따라서 그들은 내가 수치심을 극복하는 데 있어서 좋은 모델이 되어 주지는 못할 것이다.

만약 주변 사람들이 수치심에 대한 나의 민감성을 부당하게 착취한다면 그런 사람들의 수법을 꿰뚫어보고 한계를 설정해야 한다. 예를 들어, 그런 말이 나의 기분을 얼마나 상하게 하는지에 관해 그들에게 이야기해 보자.

9 장

나
자신을
사랑하는 법

우리는 자기 자신한테서 거리를 둘 때 가장 큰 외로움을 느낀다. 수치심에 사로잡히면 외부의 시각으로 (때로는 혐오스럽다는 듯한 표정으로) 스스로를 바라보고 우리 자신이 '잘못됐다'고 단정짓게 된다. 마치 전화 통화가 갑자기 끊기는 것처럼 찰나의 순간에 우리 자신에게서 멀어져 버린다. 아마 당신은 어떤 일이 있었는지 잊어버리려고 최대한 노력하겠지만 그러는 과정에서 그 사건이 자기감에 구멍으로 남을 수도 있다. 그러면 당신은 자기 자신뿐 아니라 그 구멍까지도 세상에 드러나지 않도록 숨겨야 한다. 그렇게 당신의 일부가 유배돼 비밀스러운 삶을 살아가게 되는 것이다. 그러면 자기 자신에게 진심으로 집중하고 관심을 기울이기가 힘들어질 뿐만 아니라 다른 사람과 친밀한 관계를 맺는 것도 어려워진다.

만약 나의 잃어버린 부분을 되찾고 싶다면, 그래서 다시 온전해지고 싶다면 수치심을 불러일으키는 기억들을 새로운 시각으로 바라보는 법을 배울 필요가 있다.

나는 잘못이 없다

수치심에 짓눌린 상태에서는 모든 것이 다 잘못된 것만 같은 기분이 든다. 뭔가 잘못된 부분이 있기는 하지만 그게 나를 뜻하는 것은 아니다. 어쩌면 다음과 같은 일들이 나에게 일어났을지도 모른다.

예전에 조화롭지 못한 상호작용을 경험했기 때문에 상처받기 쉬운 연약한 상태가 되었다. 어떤 감정이 발생했을 때

가족들이 그런 감정을 섬세하게 이해해 주고 공감해 주지 못했거나 이런 상황이 몇 대에 걸쳐서 이어져 왔을지도 모른다.

나만 특히 잘못했다는 착각을 했을 수도 있다. 이 문제에 관해서는 모든 사람들이 그리 다르지 않다. 밖에는 100퍼센트 훌륭하고 완벽한 모습만 보여 주는 사람들도 있겠지만 조금만 깊이 들어가 보면 우리는 차이점보다 서로 비슷한 부분이 더 많다. 나는 여러 해 동안 목사로, 심리치료사로 일하면서 겉보기에는 아무리 서로 달라 보여도 우리 모두는 외롭고 무력하고 부족하다는 것을 알게 되었다. 또한 극심한 압력을 받으면 대단히 훌륭한 사람들조차 자신의 욕심과 나쁜 특성들을 억누르기가 어렵다. 수치심에 휩싸일 때는 나만 그렇다는 생각이 들겠지만 사실 다른 사람들도 별반 다르지 않다.

수치심이 밀려오는 순간에 내가 보내는 파장과 다른 파장으로 반응하는 사람이 주변에 있을 수 있다. 그 사람의 표정이나 말 또는 목소리 톤은 왜곡되거나 잘못된 것처럼 보일지도 모른다. 어쩌면 그 사람의 반응은 자기 자신에 관한 내용이지 내가 전달하는 메시지와는 별 상관이 없을 수도 있다. 아니면 지금 이 순간에는 닿아 있지 않은 나의 다른 차원을 미러링할지도 모른다. 내가 얼마나 잘 지내는지에 관해서 이야기하고 있는데도 상대방의 표정이나 목소리 톤은 내가 숨겨 놓았던 슬픔을 미러링해서 마음속에 구멍이 남을 수도 있다.

다시 말해 수치심이 밀려올 때 왠지 뭔가 잘못됐다는 생각이 들더라도 이는 당신이 어떤 사람인지, 또는 지금 이 순간 당신이 어떤 일을 하고 있는지와 반드시 관련이 있는 것은 아니라는 뜻이다. 단지 상호작용이 잘못된 방향으로 흘러갔거나 과거에 조화롭지 못한 상호작용을 경험해서일지도 모른다. 그런데 당신은 자기가 뭔가 잘못됐다고 착각하고 실수를 바로잡아야 한다고 생각하게 된다.

나는 불안에 흔들리지 않는다

수치스러웠던 경험에 대해서 죽을 때까지 아무한테도 이야기하지 않거나 수치심을 느꼈던 기억이 떠올라서 괴로울 때 자기 자신을 따뜻하게 대해 주지 못하는 사람들도 많다. 자신을 드러내기가 두려워서 결국 외로운 삶을 살게 될 수도 있다.

내 안에서는 늘 전쟁이 벌어지고 있었어요. 불안이 나에게 소리쳤죠. "몸을 웅크리고 지구에서 사라져 버려." 불안은 내가 모든 집단에서 배제될 거라며 나를 협박했어요. 그래서 그저 껍질 속에 갇혀서 살아갈 수밖에 없었어요.

요세핀, 38세

요세핀은 자신의 불안에 저항하고 껍질을 깨고 나와서 어떤 사안에 관해 공개적으로 의견을 표명하거나 반감을 표시하거나 자유롭고 자연스럽게 춤을 추는 것을 매우 두려워했다. 오히려 수치심이 자기를 지배하도록 내버려 두었고, 그 결과 가능한 한 항상 혼자서 지내게 되었다. 그녀는 다른 사람들과 함께 있을 때도 외로움을 느꼈다. 자기가 어떤 사람인지를 표현하거나 보여 주지 않았기 때문이다.

어쩌면 당신도 이와 같은 종류의 불안을 느껴 본 적이 있을 것이다. 때로는 마치 어린 시절에 그랬던 것처럼 지나치게 순종적인 아이가 돼서 선생님이 그 아이에게 구석에 가서 서 있으라고 벌을 주는 듯한 기분이 들 수도 있다. 결국 그 아이는 한참 동안 그 자리에 서 있게 되고 밖에서 뛰놀고 있는 다른 아이들과 어울리지 못하게 된다. 만약 두려움 때문에 계속 휘둘리게 된다면 자신의 수치심을 치유할 수 있는 사랑과 관심을 찾아서 세상을 누비는 대신 방어막 뒤에 움츠려서 숨게 될 것이다. 만약 당신이 다른 사람들과 교류하면서 살고 싶다면 자신의 두려움을 무시하고 한 발짝 더 앞으로 나아가야 한다. 다시 원래 있던 자리로 돌아가라는 고함소리를 듣게 된다 하더라도 말이다.

나는 수치심과 죄책감의 차이를 안다

수치심과 죄책감을 구분하면 자기 자신을 더욱 잘 받아들일 수 있게 된다(34쪽 참고). 간단히 말해서 죄책감은 뭔가 잘못된 일을 저질렀을 때 드는 감정인 데 반해 수치심은 뭔가 문제가 있는 건 바로 '나'라고 여기는 감정이다.

어떤 상황은 수치심과 죄책감을 모두 유발하기도 한다. 예를 들어, 아이에게 소리를 지르고 나서 그 아이가 우는 모습을 보게 되면 아마도 죄책감이 들 것이다. 어쩌면 이런 생각을 할지도 모른다. "도대체 내가 무슨 일을 저지른 거지?" 이때 죄책감이 엄습한다. 당신은 자기가 나쁜 사람이거나 존중받을 만한 자격이 없는 사람이라고 생각하게 될 것이다.

죄책감과 수치심은 서로 얽혀 있는 경우가 많다. 이 두 가지 감정을 분리하면 상당한 도움이 된다. 죄책감은 상대적으로 견디기가 수월하다. 수치심만큼 존재 전체에 영향을 미치지는 않으며 때로는 그에 관한 조치를 취할 수 있기 때문이다.

설령 잘못해서 아이를 울렸다 하더라도 당신은 여전히 '좋은' 사람일 수 있다. 지나치게 심한 반응을 보인 것에 대해 아이에게 사과함으로써 자신의 죄책감에 대처할 수 있다.

우리는 좋음/나쁨, 예쁨/못생김, 훌륭함/형편없음 등 이분법적인 사고에 빠지기 쉽다. 둘 다 동시에 가능하다는 사실을 인정하는 것이 정신 건강에 매우 중요하다.

예를 들어, 유능한 부모는 아이들에게 끊임없이 두 가지 면을 동시에 미러링한다.

"너는 지금 화가 나 있어. 그래도 너는 사랑스러운 내 아이란다."

"너는 잘못된 행동을 했어. 그래도 너는 착한 아이고 나는 너를 사랑한단다."

"네가 소리를 지르니 귀가 아프구나. 하지만 너한테는 아무런 문제도 없어. 지금의 네 모습 그대로 괜찮아."

만약 당신의 부모가 '둘 다 동시에' 가능하다는 방식으로

의사소통하지 못했다면 당신은 죄책감과 수치심을 혼동하기 쉽고, 단지 실수를 저지른 것뿐인데 자기가 완전히 실패한 인간이라고 느끼게 된다. 다음 문장을 큰 소리로 읽어 보자. 죄책감과 수치심을 분리하는 법을 연습하는 데 도움이 될 것이다.

- 나는 좋은 사람이다. 다만 잘못된 행동을 했을 뿐이다.
- 나는 좋은 사람이다. 다만 나쁜 감정을 느낄 뿐이다.
- 나는 좋은 사람이다. 다만 실수를 했을 뿐이다.

죄책감에서 수치심을 분리하면 수치심이 저절로 사라져 버리기도 한다. 죄책감은 사과를 하거나 보상을 제공하는 방법으로 대처할 수 있다.

나는 나에게 공감한다

수치심 때문에 멀어져 버린 나 자신과 다시 좋은 관계를 맺는 것이 중요하다. 다음 문장들을 참고하면 도움이 될 것이다. 큰 소리로 읽어 보거나 노트에 적어 보자.

- 나는 나에게 뭔가 문제가 있다고 생각한다. 뭔가 문제가 있는 것은 사실이지만 나한테 문제가 있는 것은 아니다.
- 나는 최선을 다하고 있다. 누구나 가끔은 실수를 한다. 기대에 못 미치고 다른 사람들과 자기 자신을 실망시키기도 한다. 나도 다른 사람들과 똑같은 인류의 일원이다.
- 나는 다른 사람들과 그리 다르지 않다. 다른 모든 이들과 마찬가지로 나 역시 지금의 모습 그대로 괜찮다.

마음이 내킨다면 거울 앞에 앉아서 자신의 눈을 바라보면서 이런 문장을 소리 내어 말해 보아도 좋다. 가볍게 자신의 어깨를 두드려 주고 사랑을 담아 머리카락을 쓸어내려 주거나 부드럽게 볼을 어루만져 주자.

나에게 사랑의 편지를 쓴다

나 자신에게 따뜻한 마음으로 편지를 쓰면 자기 연민을 연습하는 데 도움이 된다. 예를 들어, 기억 속에 담아 둔 수치심을 느꼈던 장면들 중 하나를 떠올려 보아라. 애정 어린 눈길로 나를 바라보고 그 순간에 수치심으로 어쩔 줄 몰라 하는 나 자신에게 편지를 써 보자. 다음은 샬로테가 자신에게 쓴 편지다.

샬로테에게,

너는 아무도 자기 그룹에 너를 끼워 주고 싶어하지 않아서 수치심을 느꼈어. 끔찍한 기분이 들었고 부끄러웠고 불행했지. 그냥 사라져 버리고만 싶었어. 그래도 너는 도망치지 않고 그 상황에 대처했어. 정말 잘했어. 네가 그렇게 괴로운 상황에 처하게 된 건 네 잘못이 아니야. 너한테 어떤 문제가 있어서 그런 일이 생긴 게 아니야. 다만 예전에 네가 조화롭지 못한 상호작용을 자주 겪어서 그렇게 된 거야. 네가 그렇게 괴로운 일을 당할 만큼 만만하게 여겨졌던 이유는 아무도 네가 얼마나 소중한 사람인지를 가르쳐 주기 않았기 때문이야. 스스로를 어떻게 돌봐야 하는지 아무도 가르쳐 주지 않았잖아. 그리고 강사들도 수강생들 간의 갈등을 제대로 해결해 주지 못했어. 너한테는 문제가 없어. 지금 네 모습 그대로 괜찮아.

사랑을 담아서,

샬로테

또한 앞으로 부끄러운 상황에 처하게 될 때를 대비해서 자신에게 힘과 위로가 될 수 있는 편지를 써 보는 것도 좋다. 편지를 다 쓴 후에는 눈에 잘 띄는 곳에 붙여 놓아라. 나는 편지에 이렇게 적어 보았는데 참고해도 좋다.

일자에게,

지금 너는 너한테 뭔가 문제가 있다는 생각이 들겠지. 그런 기분은 금세 지나가 버릴 거야. 한 달이 지나고 나면 아마 웃어 넘길 수 있게 될 거야. 여동생한테 네가 실수했던 이야기를 들려 주면 정말 재미있어 하겠지. 너는 네가 다른 사람보다 더 나쁘지 않다는 걸 마음 깊은 곳에서는 잘 알고 있을 거야. 지금 당장은 다른 기분이 들더라도 그건 단지 오해일 뿐이야. 거리를 두고 이 상황을 바라볼 수 있게 되면 아주 사소한 일이라는 걸 깨닫게 될 거야. 지금의 상황은 네가 진짜 어떤 사람인지와는 아무 상관이 없어.

사랑을 담아서,

일자

애정 어린 말투로 나 자신에게 말을 건네거나 따뜻하고 친절한 편지를 쓰는 것은 유익한 훈련이 된다. 평생 스스로를 가차없이 비난해 온 사람이 뭔가 문제가 생겼을 때 곧바로 자기 연민을 활성화하기 위해서는 많은 연습이 필요하다.

나 자신에게 위로가 되는 편지를 쓰는 것이 어색하거나 어렵다면 다른 사람에게 편지를 쓰는 것부터 시도해 봐도 좋다. 내가 좋아하거나 아끼는 사람을 선택한다. 영화 속의 인물이라도 상관없다. 편지를 다 쓴 후에는 그 사람의 이름을 내 이름으로 바꿔 보자.

육체적 훈련을 통해서 근육을 키우는 것처럼 자기 연민도 훈련으로 강화할 수 있다. 효과를 얻을 때까지는 인내와 반복이 필요하겠지만 그런 과정을 통해서 새로운 습관을 얻게 될 것이다. 나한테 뭔가 문제가 있다는 기분이 들 때 나 자신을 지지하고 옹호할 수 있게 된다.

애정 어린 눈길로 나 자신을 바라보고 나한테 문제가 있는 것이 아니라 예전에 뭔가 결핍이 있었던 것이 문제라는 사실을 깨닫게 되면 수치심은 슬픔으로 변한다. 과거에 겪었던 상실에 대해서 슬퍼하겠지만 나 자신에 대한 존중을 새로 얻게 된다. 처음부터 없었던 것에 비추어서 나의 인생을 돌아본다면 아마도 이만큼 성장한 것에 대해서 스스로 자랑스러운 기분이 들 것이다.

나의 수치심에 관한 문제를 해결하기 위해 노력함으로써 부모와 조부모의 수치심을 다음 세대까지 대물림하지 않을 수 있다. 나 자신을 사랑으로 대할 수 있게 되면 그 사랑이 주변 사람들과 다음 세대들한테까지 퍼져 나가게 될 것이다.

☐ 거울 앞에 앉아서 나에게 친절한 말을 건네보아라. 어떤 말들을 해 주고 싶은가? 177쪽에 실려 있는 문장들을 참고해도 좋다.

☐ 과거에 수치심을 유발했던 장면 중 하나를 골라 그때의 나 자신에게 다정하고 사려 깊은 편지를 적어 보자. 또는 다음 번에 부끄러움을 느끼는 상황에 처했을 때 위안이 될 만한 편지를 스스로에게 적어 보자. 자존감이 바닥을 치는 순간에 스스로에게 들려 주어야 할 이야기를 편지에 담아 보면 좋겠다.

에게

Summary

나에 대해 나쁜 생각이 들고 속상하다면 아마도 나쁜 일이 일어났기 때문일 것이다. 내가 나빠서가 아니다. 이 사실을 깨닫게 되면 새로운 자유를 누릴 수 있다. 하지만 과거의 외로움이나 사랑에 대한 갈망 때문에 슬픔을 느낄 수도 있다.

나 자신과 애정 어린 관계를 맺게 된다면 나쁜 경험을 떨쳐 내기가 조금 더 수월해질 것이다. 어떤 상황에서는 여전히 부끄러움을 느낄 수도 있겠지만 예전에 그랬던 것처럼 스스로에 대한 믿음이 뒤흔들리지는 않을 것이다.

나가는 말

빈자리에 피어나는 꽃

따뜻한 관심은 사막에 꽃을 피우게 하는 단비와도 같다. 수백 년 동안 비가 내리지 않았다 하더라도 모래 속에 숨어 있는 씨앗들은 여전히 살아 숨 쉬고 있다. 휴면 상태로 물을 기다리고 있는 것이다. 마침내 비가 내리는 날에 씨앗들은 싹을 틔우기 시작한다. 연약한 자기감과 관련된 문제를 해결하기에 결코 늦은 때란 없다. 당신이 용기를 내서 더욱 충만한 삶을 살아가기를, 다른 사람들과 더욱 깊이 교감하고 교류하기를 바란다.

자기 자신의 숨겨진 면에 다가가는 것은 앞으로 나아가기 위한 첫 걸음이 될 것이다. 만약 우리가 그런 길을 택한다면 처음에는 수치심과 빈자리의 공허함이 한꺼번에 밀려와서 감당하기 힘들 수도 있다. 하지만 그 빈자리에 말을 건네본다면 완전히 새로운 세상으로 이어지는 수많은 틈이 기적처럼 열릴 것이다. 그러므로 우리는 빈자리를 외면한 채 도망 치거나 자기감의 구멍들을 일깨우는 것으로부터 달아나서 는 안 된다. 텅 빈 구멍은 아직 실현되지 않은 가능성으로 가 득 차 있다.

수치심에 관한 테스트에서 높은 점수를 받고 싶은 사람이 과연 있을까? 자랑할 만한 일도 아닌데 말이다. 자기가 그렇다는 것을 인정하기가 달갑지 않은 부분도 있겠지만 최대한 솔직하게 다음 문항들에 답해 보기 바란다. 테스트 결과는 아무한테도 알리지 않아도 된다.

점수가 높게 나왔다고 해서 안 좋은 것은 아니다. 다만 지금껏 누군가가 당신을 온전히 봐 주거나 만나 준 적이 드물다는 뜻이다.

각각의 문항에 답할 때 몸이 어떤 반응을 보이는지에 유의하고 지나치게 오래 고민하지 말고 곧바로 떠오르는 대로 답변하기 바란다. 때로는 머릿속의 생각보다 몸이 더욱 즉각적으로 솔직하게 답할 수 있다.

테스트 결과에 영향을 미칠 수 있기 때문에 반드시 테스트를 다 마친 후에 설명을 읽기 바란다.

각각의 문항을 읽고 다음에 해당하는 숫자를 적어라.

0	전혀 그렇지 않다
1	다소 그렇다
2	반쯤 그렇다
3	거의 그렇다
4	그렇다

1. 누가 나한테 상당한 관심을 보이면 아마도 그 사람이 나의 단점을 아직 모르기 때문이라는 생각이 든다.

2. 모두가 답을 알고 있는 질문을 했다는 사실을 알게 됐을 때, 나도 당연히 알고 있었어야 할 것만 같아 숨고 싶은 기분이 든다.

3. 과거에 있었던 일들 중에서 부끄러운 일이 있다.

4. 사람들과 어울리는 것이 때로는 피곤하고 지친다.

5. 할 말이 없을 때는 다른 사람들이 나의 그런 모습을 어떻게 생각할지가 걱정된다.

6. 사람들과 함께 있을 때 내가 더 자연스럽고 덜 경직된 모습을 보일 수 있다면 좋겠다. ☐

7. 어떤 질문을 착각해서 잘못 답변하면 정말 부끄럽고 며칠이 지나도록 그 일이 자꾸만 생각나서 괴롭다. ☐

8. 사람들한테 무슨 말을 하려고 하는데 아무도 안 듣고 있으면 불안해져서 몰래 도망가 버리고 싶다. ☐

9. 간혹 대화가 도중에 끊기면 조급해지고 침묵을 깰 만한 이야깃거리를 찾기 위해 필사적으로 애쓴다. ☐

10. 나의 약한 모습을 있는 그대로 솔직하게 드러내서 보여줄 수 있는 사람이 아무도 없다(상담치료사나 심리학자 등 전문가의 도움을 받는 경우는 제외). ☐

11. 퇴근 후에 회식을 하거나 파티 같은 행사에 다녀오면 혹시 실없는 소리를 하지는 않았는지, 오해를 살 만한 일은 없었는지 많이 걱정스럽다. ☐

12. 다른 사람들 앞에서 나의 생각이나 감정, 소망을 털어놓는 것이 두렵다. ☐

13. 어떤 사람한테 만나자고 했는데 상대방이 거절하면 나한테 뭔가 문제가 있어서 거절했을까 봐 두렵다. ☐

14. 나 자신과 나의 감정을 상당 부분 제어할 필요가 있다고 느낀다. ☐

15. 입가 또는 잇새에 음식물이 끼어 있는 채로 사람들을 만나고 돌아다녔다는 사실을 뒤늦게 알게 되면 하루종일 기분이 울적하다.

16. 손이 떨리면 어떻게든 그런 모습을 감추고 싶다.

17. 집이 어질러져 있거나 지저분할 때 누가 예고도 없이 갑작스럽게 방문하면 그 후로 며칠씩이나 기분이 가라앉는다.

18. 대화가 중간에 끊겼는데 할 말이 생각나지 않으면 불안해진다.

19. 직장에서 실수를 하면 다른 사람들이 나를 우습게 생각할까 봐 두렵다.

20. 때로는 다른 사람이 어떻게 생각할지 걱정돼서 내가 하고 싶은 일인데도 망설이거나 하지 않는다.

21. 신경 쇠약에 걸릴까 봐 걱정스러웠던 적이 한 번 또는 그 이상 있다.

22. 기분이 너무 속상해서 얼굴이 떨릴 때 그런 모습을 다른 사람한테 들키면 부끄러워진다.

23. 내가 사실대로 말했는데도 다른 사람이 내가 거짓말을 한다고 주장하면 스스로를 의심하게 된다.

24. 누가 나에게 가혹한 말투 또는 경멸하거나 무시하는 목소리로 말한다면 그 사람에게 그만하라고 말하지 못한다. 내가 그런 대접을 받으면 안 되는지에 대해 확신이 없기 때문이다. ☐

25. 사람들과 함께 있을 때 종종 피곤해하고 가장 먼저 그 자리를 떠나고 싶어진다. ☐

이제 숫자를 모두 더해 보자. 0~100 사이의 숫자가 나올 것이다. 여기에 테스트 결과 점수를 적어 보자. ☐

| | | | | | | | | | | |
|0|10|20|30|40|50|60|70|80|90|100|

평균 점수

덴마크인* 240명을 대상으로 이 테스트를 실시한 결과 평균 점수는 44점이었다.

---

* 나의 몇몇 친구들과 페이스북 팔로워들이 이 테스트에 참여했다. 그 결과 특히 두 종류의 성격 유형이 두드러지게 나타났는데, 하나는 매우 예민한 사람들이었고, 다른 하나는 노력을 통해서 자신의 수치심을 이미 어느 정도 극복해 낸 사람들이었다. 아마도 전자에 해당하는 사람들은 높은 점수를 받은 반면에 후자에 해당하는 사람들은 낮은 점수를 받았을 것이다. 무작위로 선정한 집단의 경우에도 평균 점수는 이와 그리 다르지 않았다.

테스트 한 번으로 어떤 사람을 전부 다 파악할 수는 없다. 여기에 반영되지 않은 인간의 여러 모습이 존재하기 때문에 미묘한 차이까지 모두 알 수는 없다. 또한 테스트 당시의 상황이나 기분에 따라서 결과가 달라질 수도 있다. 그날 나쁜 일을 겪었거나 요즘 인생에서 힘든 시기를 겪고 있다면 평소보다 점수가 더 높게 나올 수 있다.

점수가 평균보다 낮게 나왔다면

당신은 내면이 강하고 쉽게 흔들리지 않는 사람이다.

아마도 어린 시절에 최소한 한 사람은 당신을 온전히 보아 주고 이해해 주고 미러링해 주었을 가능성이 크다. 만약 그런 경우가 아니라면 그동안 노력을 통해서 자기감을 굳건하게 쌓아 온 덕분일 것이다.

점수가 평균보다 높게 나왔다면

테스트를 통해 자기 자신을 더욱 깊이 이해할 수 있게 되었기를, 이제는 애정 어린 눈길로 스스로를 바라보는 것이 조금은 더 쉬워졌기를 바란다. 당신의 삶이 힘든 데는 이유가 있다. 당신한테 뭔가 문제가 있어서가 아니다. 당신은 태어날 때부터 있는 그대로 괜찮은 사람이다. 하지만 과거에 일어난 어떤 일 때문에 스스로에 대한 깊은 불안을 품게 되었다. 수치심에 시달리면서 살아가는 것은 정말 괴로운 일이다. 지금보다 훨씬 더 기분이 나아질 수 있는 방법이 있다.

적절한 조력자를 구해라

수치심과 관련된 문제를 겪을 때 누군가에게 도움을 청하려면 마음이 상당히 불편해질 수 있다. 하지만 도움을 청하는 행동 그 자체가 중요하다. 관계 안에서 일어난 문제는 관계 안에서 치유되어야 한다. 애정 어린 눈길로 자기 자신을 바라보는 법을 서서히 익히게 되겠지만 그러기 위해서는 일단 다른 누군가가 당신을 애정 어린 눈길로 바라봐 주어야 한다.

조력자를 택할 때는 신중을 기할 필요가 있다. 친구든 심리치료사든 심리학자든 간에 타인에게 감정 이입하고 공감해 줄 수 있는 사람을 택해야 한다. 조력자는 많이 듣고 적게 말해야 한다. 수다스럽고 말이 많거나 사사건건 대립을 일삼는 사람은 적합하지 않다. 또한 당신의 생각에 대해서만 인지적으로 반응해서는 안 된다. 당신의 보디 랭귀지도 미러링해 줄 수 있어야 하며 당신의 삶에서 중요한 사건들에 관해 들을 준비가 되어 있어야 한다. 그래야만 지금껏 그 누구도 온전히 보아 주거나 들어 주지 않았던 당신의 일부분을 비로소 누군가가 보아 주고 들어 주는 경험을 할 수 있다. 또한 충분한 시간을 들여서 관계를 쌓아 나가고 깊은 안정감을 느끼게 되어야만 자기가 수치심을 느끼는 부분에 관해서 속마음을 털어놓을 수 있게 된다.

본인의 문제를 이미 해결했고 자신의 수치심을 편하게 대하는 사람을 조력자로 택하는 것이 매우 중요하다. 그렇지 않으면 그 사람이 당신의 수치심을 무시하거나 그런 문제를 다루지 않도록 설득할 수도 있다. 당신에게 맞춰 줄 수 있고 친밀한 관계를 경험할 수 있게 해 주고 당신의 말과 행동을 모두 온전히 보아 주고 미러링해 줄 수 있는 조력자가 필요하다. 이런 과정을 통해서 과거의 조화롭지 못한 상호작용 때문에 자기감에 구멍이 생겨난 부분을 서서히 해결해 나갈 수 있다.

무한한 성장의 기회

시간이 갈수록 당신도 어린 시절에 건강한 자기감과 자존감을 키운 사람들처럼 스스로에 대한 확신과 믿음을 가질 수 있을 것이다. 어릴 때 자연스럽게 발달된 자기감과 이후에 노력을 통해서 스스로 쌓아나간 자기감 사이에는 차이가 있다. 전자가 더욱 단단할 수도 있겠지만 후자는 다른 방면에서 당신을 더욱 강하게 만들어 주었다. 자기 자신을 이해하려는 노력 속에서 당신은 자칫 모르고 지나칠 뻔했던 마음속의 그늘진 부분을 발견할 수 있다. 그런 부분이 우리의 성격에 미묘하고 다채로운 영향을 주고 세상을 풍요롭게 하는 다양한 재능을 이끌어 낸다. 또한 이런 과정을 통해서 당신은 자기 자신뿐 아니라 다른 사람에 대한 공감 능력을 키울 수 있다. 그 결과 대다수의 사람들보다 정서적으로 더욱 깊이 공명할 수 있게 될 것이다.

감사의 말

다음 분들께 감사의 인사를 전하고 싶다.

공인 심리치료사이자 신학자인 벤트 포크에게 깊이 감사한다. 그는 베스트셀러인《진솔한 대화(Honest Dialogue)》를 비롯한 여러 책의 저자이기도 하다. 그는 나의 개인적 성장과 전문가로서의 발전에 지대한 공헌을 했다.

심리학자이자 타계하시기 전까지 게슈탈트 인스티튜트의 수장이셨던 닐스 호프마이어에게 진심 어린 감사를 전한다. 그는 나에게 여러 해 동안 한없는 영감의 원천이 되어 주었다.

그리고 엘렌 보엘트, 마르지스 크리스티안슨, 크리스틴 그륀트비드, 리네 크럼프 호스테드, 마틴 하스트럽, 얀 카 크리스텐슨, 로네 쇠가르드, 커스틴 샌드, 크누드 에릭 안데르센을 비롯해서 이 책의 원고를 읽고 피드백을 제공해 준 모든

분들께 감사 드린다. 이분들의 조언과 도움 덕분에 이 책이
세상에 나올 수 있었다.

나의 수치심에게

1판 1쇄 인쇄	2021년 8월 25일
1판 1쇄 발행	2021년 9월 1일
지은이	일자 샌드
옮긴이	최경은
발행인	황민호
본부장	박정훈
책임편집	한지은
편집기획	김순란 강경양
마케팅	조안나 이유진 이나경
국제판권	이주은 한진아
제작	심상운
발행처	대원씨아이㈜
주소	서울특별시 용산구 한강대로15길 9-12
전화	(02)2071-2095
팩스	(02)749-2105
등록	제3-563호
등록일자	1992년 5월 11일
ISBN	979-11-362-8479-2 (03180)